WAS IST WAS

Dr. Florian Huber

VERSUNKENE SCHÄTZE

Von Atlantis bis Titanic

TESSLOFF

Hier siehst du, wo du bist!

Wo ist was?

4 Neue Technik für alte Funde

Seite 8

Lerne die Tauchroboter und Tauch-U-Boote kennen, mit denen Forscher heute bis in die Tiefsee vordringen können!

Seite 4

Spannende und manchmal kuriose Funde warten nur darauf, von den Unterwasserarchäologen entdeckt zu werden.

12 Versunkene Städte

Die mit ▶ markierten Seiten könnten dich besonders interessieren!

Seite 16

Erfahre, warum die antike Siedlung Baiae bei Neapel im Meer versunken ist.

Seite **27** *Die »Mars« galt als mächtigstes Kriegsschiff des 16. Jahrhunderts. Heute liegt es am Grund der Ostsee.*

Seite **33** *In 3 800 Metern Tiefe befindet sich das Wrack der »Titanic«. Warum ist das weltberühmte Schiff 1912 untergegangen?*

Seite **38** *Auch vor dunklen Höhlen machen echte Forschungstaucher keinen Halt!*

Seite **45** *Warum wurde dieser römische Bronzehelm im Moor versenkt?*

Hier findest du die wichtigsten Begriffe kurz erklärt.

Tauchgang in die Vergangenheit

Florian Huber

Bereits als 13-Jähriger begann Floh zu tauchen. Er war so begeistert, dass er es später zu seinem Beruf machte.

Ich schaue auf das grün schimmernde Wasser vor mir; dahinter liegen die verschneiten Alpengipfel. Die Sonne scheint und der Himmel ist blau. Ein perfekter Tag, um an meinem Lieblingssee tauchen zu gehen. Mit einem großen Schritt nach vorne springe ich vom steinigen Ufer in das klare Wasser des Walchensees. Mit über 190 Metern ist er einer der tiefsten Seen Deutschlands. Während ich in die Tiefe hinabgleite, spüre ich, wie der Druck auf meinen Ohren zunimmt. Zehn Meter, 20 Meter. Ich schaue auf meinen Tauchcomputer am Handgelenk. Er zeigt mir, in welcher Tiefe ich bin, wie lange ich schon tauche und wie kalt das Wasser ist. 30 Meter. Ich schalte meine Lampe ein, denn es wird immer dunkler. 40 Meter. Langsam stoppe ich die Geschwindigkeit, mit der ich in die Tiefe sinke, und schwenke meine Lampe hin und her.

Am Grund des Sees

Und plötzlich sehe ich es! Ein kleines Holzwrack, etwa sechs Meter lang. Still, verlassen und etwas gespenstisch liegt es auf dem grauen Grund des Sees. Es ist sehr dunkel, aber ich kann die Umrisse trotzdem ganz gut erkennen. Sofort schießen mir viele Fragen durch den Kopf. Wer hat dieses Boot gebaut? Wann ist es untergegangen und warum? Kam jemand dabei ums Leben? Ist es in einen Sturm geraten oder war es einfach alt und löchrig und wurde nicht mehr gebraucht? Und finde ich noch Ladung an Bord oder persönliche Gegenstände?

Zeitreise unter Wasser

Mein Beruf ist es, diese Fragen zu klären und herauszufinden, was damals passiert ist. Ich bin Unterwasserarchäologe. Also ein Archäologe, der regelmäßig abtaucht, um alte Schiffswracks und versunkene Siedlungen zu erforschen. Ich möchte herausfinden,

Versunkenes Boot

Einige alte Boote liegen im tiefen Walchensee. Sie erzählen Geschichten von längst vergangenen Tagen.

Autowrack

Lage des Sees

Der Walchensee ist mit etwas über 190 Metern einer der tiefsten und mit 16 Quadratkilometern zugleich auch einer der größten Alpenseen Deutschlands.

wie die Menschen damals lebten, mit welchen Schiffen sie ihre Waren über die Meere transportierten und warum viele von ihnen nie am Ziel ankamen. Dabei gehe ich vor wie ein Kommissar, der einen Tatort untersucht. Nur ist mein Tatort oft schon viele Hundert oder gar Tausend Jahre alt. Aber mit meinem Wissen und speziellen Methoden kann ich trotzdem herausfinden, was damals geschehen ist. Jeder Tauchgang ist für mich wie eine Reise in die Vergangenheit. Ich bin also so etwas wie ein Zeitreisender unter Wasser.

Ungewöhnliche Schätze

Im Walchensee liegen aber nicht nur alte Boote. Dort unten finde ich auch Autowracks, die Überreste eines englischen Flugzeugs – das dort im Zweiten Weltkrieg notlandete – und 500 Jahre alte Holzpfähle, die einst zu einer Fischzuchtanlage gehörten. All diese Funde erzählen Geschichten und ihre Geschichten sind meine Schätze.

Die Sage vom Riesenwaller

Ganz unten, in den tiefsten Felsenhöhlen des Walchensees, wo das Wasser schwarz und undurchdringlich ist, soll ein furchterregendes Ungetüm aus der Vorzeit hausen. Ein riesiger Wels, in Bayern Waller genannt. Die Menschen hatten seit jeher Angst vor dem Ungeheuer. Um es zu beruhigen, warfen sie deshalb jedes Jahr einen goldenen Ring an der tiefsten Stelle des Sees ins Wasser. Einmal wollte ein junger Mann herausfinden, wie tief der See wirklich ist. Er ließ sich in eine Ochsenhaut einnähen und tauchte in das dunkle Gewässer hinab. Er wurde nie wiedergesehen. Aus der Tiefe aber schallte es: »Willst du mich ergründen, werd ich dich schlünden!«

Das Monster aus der Tiefe

Einer Sage zufolge soll am trüben Grund des Walchensees ein Fisch leben, der fast so groß wie der See selbst ist. Heute wissen wir, dass es den Riesenwaller nicht gibt.

Forschen unter Wasser

Keine Frage: Wer unter Wasser forschen möchte, muss tauchen lernen. Am besten macht man zunächst eine Ausbildung zum Sporttaucher. Dort lernt man die Grundlagen des Tauchens kennen. Wenn es aber ans Arbeiten unter Wasser geht, braucht man zudem eine Spezialausbildung.

Forschungstaucher

In Deutschland und auch in vielen anderen Teilen der Welt müssen die Wissenschaftler deshalb eine Ausbildung zum Forschungstaucher machen. Dort lernen die Teilnehmerinnen und Teilnehmer nicht nur mehr über das Tauchen allgemein, sondern auch, wie im Wasser eigentlich gearbeitet wird. Also wie ein Schiffswrack zu vermessen ist, wie man unter Wasser zeichnet, fotografiert und Proben nimmt.

Tiefenrausch und Mickey Mouse

Bei tiefen Tauchgängen setzen Unterwasserarchäologen spezielle Atemgasmischungen ein, die unter anderem auch Helium enthalten. Damit verhindern sie den Tiefenrausch. Der entsteht, wenn man mit normaler Pressluft in Tiefen über 30 Meter taucht. Dann kann es passieren, dass der Stickstoff in der Atemluft das Gehirn langsamer arbeiten lässt. Es kann zu Halluzinationen und Orientierungslosigkeit kommen. Das sogenannte Trimix kann das verhindern. Das Atemgasgemisch muss aber extra hergestellt werden und kostet sehr viel Geld. Das Helium darin sorgt außerdem dafür, dass der Taucher eine hohe Stimme bekommt und sich anhört wie Mickey Mouse.

Schon gewusst?

Je tiefer man taucht, umso kälter wird es meistens. Auch in warmen Gewässern sollte man deshalb beim Tauchen einen Neoprenanzug tragen. Dieser verhindert, dass der Körper auskühlt.

Alte Wracks

Viele Unterwasserarchäologen interessieren sich für alte Schiffswracks. Dazu tauchen sie viele Male in die Tiefe, um sich alle Details und die Ladung des versunkenen Schiffes anzusehen.

Vermessen

Mit einem Zollstock vermisst ein Forschungstaucher einen über 4 000 Jahre alten Einbaum im Bodensee.

Schreiben

Mit einem normalen Bleistift kann man auf wasserfestem Papier auch unter Wasser schreiben.

Unter Wasser schreiben

Einige Werkzeuge und Arbeitsmaterialien haben Unterwasserarchäologen immer dabei. Zum einen natürlich eine Kamera. Damit können sie alles, was sie sehen, filmen, fotografieren und sich später in Ruhe ansehen. Aus vielen Fotos kann dann auch ein Fotomosaik oder sogar ein 3D-Modell erstellt werden. Außerdem sind immer ein Kompass, ein Maßband und ein Zollstock dabei, um zum Beispiel die Länge und Breite sowie wichtige Details eines alten Schiffes zu dokumentieren. Daten und Zeichnungen werden dann in einem kleinen Notizbuch, den sogenannten Wetnotes, festgehalten. Diese besonderen Seiten bestehen aus wasserfestem Papier, das mit einem normalen Bleistift beschrieben werden kann. Funktioniert super unter Wasser. Probier das doch einmal in der Badewanne oder beim nächsten Besuch im Schwimmbad aus!

Lange unter Wasser bleiben

Wenn die Archäologen tief tauchen oder sehr lange unter Wasser bleiben wollen, benutzen sie manchmal Kreislauftauchgeräte. Bei so einem Gerät wird die Ausatemluft nicht ins Wasser geblubbert, sondern wiederverwendet. Eine Füllung aus kleinen Kalkkügelchen reinigt die ausgeatmete Luft von Kohlenstoffdioxid. Alle paar Minuten öffnen sich dann Ventile und lassen wieder frischen Sauerstoff und Mischgas – meistens Trimix – aus zwei verschiedenen Flaschen in den Atembeutel strömen. Das richtige Mischungsverhältnis der eingesetzten Gase wird von einem Computer berechnet, an den mehrere Sensoren angeschlossen sind. Diese Sensoren analysieren ständig den Gehalt des Sauerstoffs in der Atemluft. So entsteht ein Kreislauf. Es kommen zudem keine lauten Blasen aus dem Gerät – die etwa Tiere verscheuchen könnten – und das Gas reicht sogar für sehr lange und tiefe Einsätze. Unterwasserarchäologen müssen also nicht nur gute Archäologen sein. Sie sollten sich unter Wasser wohlfühlen, sehr gut tauchen können und den Umgang mit komplexer Tauchtechnik sicher beherrschen.

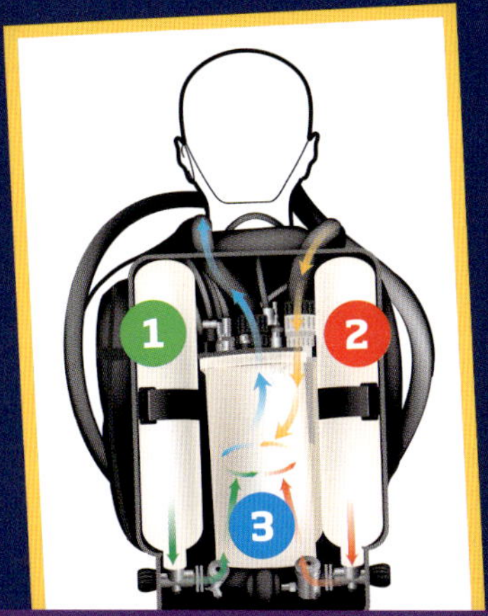

Angeberwissen

- Ein Kreislauftauchgerät mischt frischen Sauerstoff (1) mit einem Atemgasgemisch (2) aus Sauerstoff, Stickstoff und Helium.
- Die im Kalkbehälter (3) enthaltenen Kalkkügelchen reinigen zudem das ausgeatmete Gas von CO_2, sodass es wiederverwendet werden kann.

Mit Hightech in die Tiefe

Das Forschen mit einer Tauchausrüstung ist eine sehr aufwendige und anstrengende Angelegenheit. Und tiefer als 100 Meter kommen selbst gut ausgebildete Forschungstaucher nicht. Wenn Fundstellen also zu tief liegen, um sie mit Tauchern zu erreichen, kommen technische Geräte zum Einsatz. Diese sind in der Lage, dem großen Wasserdruck standzuhalten, und können den Forschern wichtige Informationen liefern.

ROV KIEL 6000

Der ROV KIEL 6000 ist ein Tauchroboter, der über ein spezielles Tiefsee-Glasfaserkabel von drei Piloten ferngesteuert werden kann. Während zwei für die Steuerung verantwortlich sind, kontrolliert ein dritter die Bewegung des Greifarms und steuert Messinstrumente. Die Piloten haben zum Lenken sieben Propeller und sehen dabei durch die vielen Kameras, die an dem Roboter angebracht sind. Bei ihrer Arbeit sitzen die Forscher in einem Container mit Kontrollraum. Der 3,5 Tonnen schwere Tauchroboter kann 6 000 Meter tief tauchen und erreicht damit circa 90 Prozent des Meeresbodens.

Forschungstauchboot JAGO

Das Forschungstauchboot JAGO vom GEOMAR in Kiel kann bis zu 400 Meter Tiefe tauchen. Es hat Platz für einen Piloten und einen Wissenschaftler, die durch zwei große Acrylglasfenster ihre Beobachtungen machen können. Um Proben zu nehmen oder ein kleines Fundstück zu bergen, gibt es einen ferngesteuerten hydraulischen Greifarm. Zudem sind starke Lampen, Blitze und eine Kamera installiert, um Fotos und Videos zu machen. Außerdem an Bord enthalten sind ein Navigations- und Positionierungssystem, ein Kompass, ein Tiefenmesser und eine Funkanlage. Seit 2021 ist JAGO im Ruhestand.

Der Taucher ist über eine Art Nabelschnur mit dem Schiff an der Wasseroberfläche verbunden. Über dieses Verbindungskabel laufen die Sprachkommunikation, die Video- und Datenübertragung sowie der Strom für den Antrieb der vier Propeller mit jeweils 1,6 PS. Gesteuert wird über Fußpedale innerhalb des Anzuges.

Der Exosuit

Mit dem Panzertauchanzug Exosuit kann sich ein Taucher in bis zu 300 Metern Tiefe stundenlang aufhalten und dort knifflige Arbeiten ausführen. In der Rüstung aus gehärtetem Aluminium kann der Wissenschaftler seine Umgebung durch eine gläserne Glocke inspizieren. Im Inneren herrscht der gleiche Druck wie an der Oberfläche. Der Taucher kann also weder einen Tiefenrausch noch die Taucherkrankheit bekommen, denn beide werden durch den hohen Druck unter Wasser auf den menschlichen Körper verursacht.

Sonarsysteme

Mit Seitensichtsonaren oder Fächerecholoten können Wissenschaftler den Meeresboden abtasten und zum Beispiel Schiffswracks ausfindig machen. Dazu schicken die Roboter Schallwellen auf den Boden, die kurz nach dem Auftreffen wie ein Echo zurückkommen. Aus der dabei gemessenen Zeit, die diese Wellen brauchen, kann dann ein Bild erzeugt werden. Diese Bilder geben erste Hinweise darauf, wo das Schiffswrack liegt, wie lang und wie breit es ist. Oft kann man auch schon erkennen, ob es aus Holz oder Eisen war und wie sein momentaner Zustand ist. Das sind wichtige Informationen für die Wissenschaftler, bevor sie Taucher oder Geräte zur weiteren Untersuchung ins Wasser schicken.

➜ Schon gewusst?

Im Marianengraben im Pazifik liegt mit einer Maximaltiefe von etwa 11 000 Metern die tiefste Stelle der Weltmeere. Bereits 1960 erforschten der Schweizer Jacques Piccard und der Amerikaner Dan Walsh als Erste den Graben. Dazu stiegen sie mit ihrem Tauchboot »Trieste« auf 10 916 Meter hinab. 2012 tauchte auch der berühmte Regisseur James Cameron mit seinem U-Boot »Deepsea Challenger« bis zum tiefsten Punkt des Meeres.

Im Roten Meer vor Saudi-Arabien liegt dieses Wrack. Es ist auf die Seite gekippt. Mit einer Unterwasserkamera macht ein Forschungstaucher Fotos.

Unglaublich!
Laut Schätzungen der UNESCO liegen rund drei Millionen Schiffswracks in unseren Flüssen, Seen und Meeren. Genügend Arbeit also auch für künftige Unterwasserarchäologen.

Bergung
Manchmal bergen Unterwasserarchäologen spannende Objekte, die dann später im Museum ausgestellt werden. Hier kommt dabei ein mit Luft gefüllter Hebesack zum Einsatz.

Archäologische Methoden

Seit der Steinzeit bauen Menschen Boote und Schiffe, um Flüsse, Seen und Meere zu befahren. Klar, dass viele davon auch untergegangen sind. So können die Archäologen von heute studieren, wie die Schiffe von damals gebaut waren und was sie geladen hatten. Das Gleiche gilt für versunkene Siedlungen, die viel über die Zeit verraten, aus der sie stammen.
Um all diese Rätsel zu lösen, braucht es spezielle Methoden, um etwa das Alter der geborgenen Funde festzustellen, aber auch, um sie haltbar zu machen.

Wie alt ist was?

Um herauszufinden, wie alt ein Wrack, eine Siedlung oder ein einzelner Fund ist, bedienen sich die Archäologen unterschiedlicher naturwissenschaftlicher Methoden. Die Dendrochronologie ist zum Beispiel für Holzfunde bestens geeignet. Bäume bilden jedes Jahr einen Wachstumsring. Und je nach klimatischen Bedingungen fallen diese Jahresringe unterschiedlich aus, sind mal dicker und mal dünner. Forscher können das Holz dann bekannten Wachstumszeiten zuordnen und wissen, in welcher Zeit der Baum wuchs und wann er gefällt wurde.

Daher lässt sich bei einem gut erhaltenen Fund die Bauzeit von Pfahlbauten, Brunnen, Schiffen oder auch Särgen bestimmen. Bei der Radiokarbonmethode – auch C14-Methode genannt – wird der Kohlenstoff C14 gemessen, den alle Lebewesen aufnehmen und in sich tragen. Nach dem Tod nimmt der Gehalt an C14 nach einem bestimmten Gesetz ab. So lässt sich dann das Alter von Knochen bestimmen. Gelegentlich lassen sich archäologische Funde auch über bekannte historische Ereignisse oder über Münzen datieren, die zum Beispiel in einem Schiffswrack gefunden wurden.

Funde restaurieren

Jede Ausgrabung ist auch eine Zerstörung, denn die Funde werden aus der Umgebung genommen, in der sie oft Hunderte und Tausende von Jahren überdauert haben. Deshalb dokumentieren Archäologen alles ganz genau und überlegen sich immer gut, was sie nach oben holen und was nicht. Denn wenn Funde aus dem Wasser geborgen werden, kommen sie mit Luft und somit mit Sauerstoff in Berührung. Sie fangen in kürzester Zeit an zu zerfallen. Deshalb müssen sie von Fachleuten, den sogenannten Restauratoren, bearbeitet, also restauriert werden. Sie reinigen die Funde, entfernen Schmutz und Verkrustungen und tränken sie mit diversen chemischen Lösungen, um sie haltbar zu machen. Danach können wir die Gegenstände im Museum bewundern.

Raub und Plünderung

Weltweit sind Plünderungen und Raubgräber ein großes Problem – sowohl an Land als auch im Wasser. Illegale Schatzsucher interessieren sich nicht für die Geschichte, sondern nur für wertvolle Funde, die sie meistbietend an reiche Sammler verkaufen können. Weil sie nur nach Gegenständen suchen, die Geld bringen, zerstören sie dabei andere Funde oder werfen diese einfach weg. Manche sprengen sogar alte Schiffe mit Dynamit, um an die gewünschte Beute zu kommen. So geht unser Wissen über vergangene Zeiten für immer verloren. Und das, obwohl es fast überall Gesetze zum Schutz unseres kulturellen Erbes gibt. Es ist also per Gesetz verboten, archäologische Funde ohne Fachwissen und Genehmigung auszugraben oder zu bergen. Aber auch Bautätigkeiten und große Schleppnetze zerstören Jahr für Jahr viele wichtige und spannende Fundstellen im Meer.

Nur Holz?

Dieses Stück Holz war einst Teil eines Schiffes. Gut zu erkennen sind die Löcher des Holzbohrwurms, der sich durch das Holz gefressen hat. An den Jahresringen können die Forscher ablesen, wie alt das Holz ist. Eine 5-Cent-Münze dient als Größenvergleich.

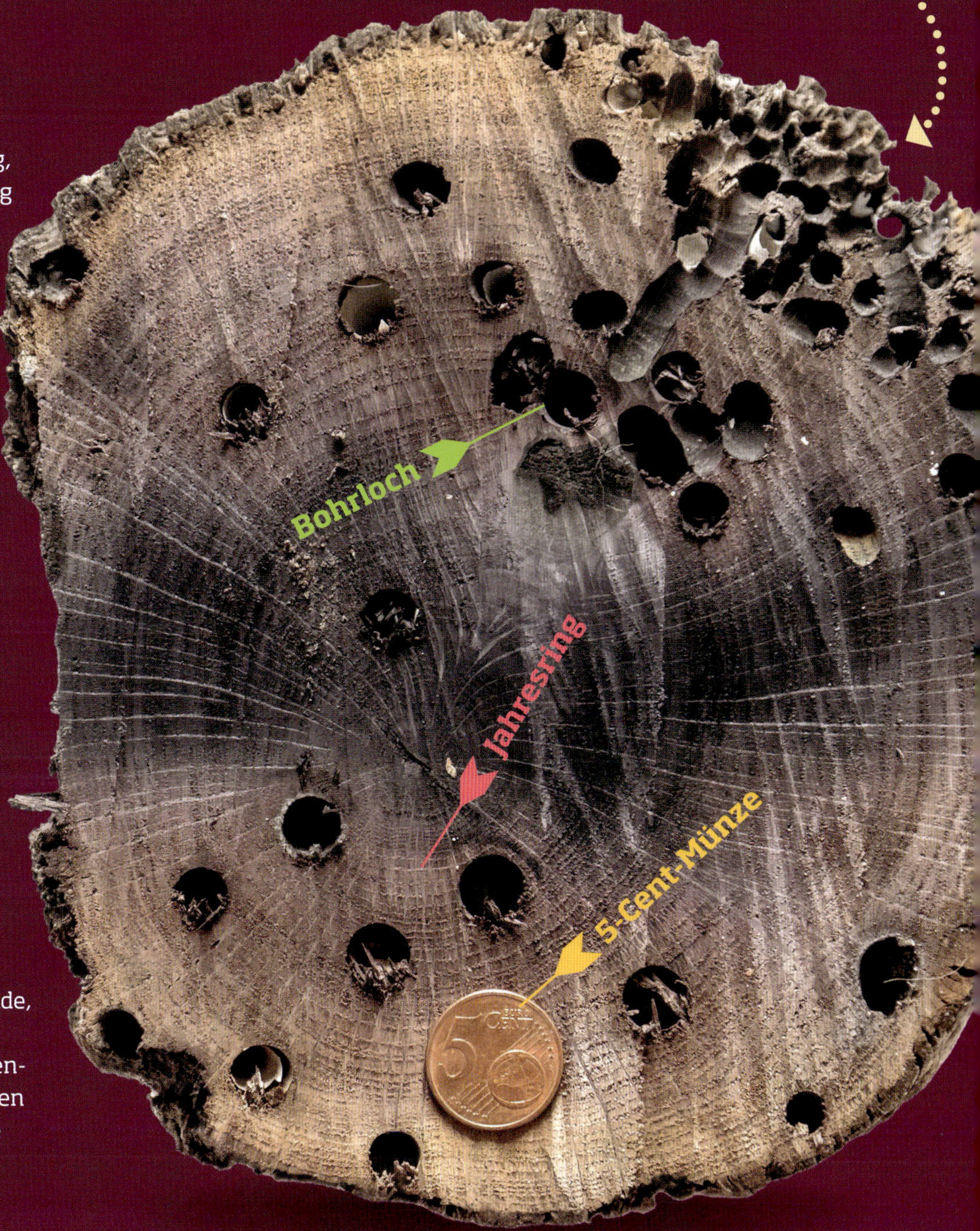

Wo liegt eigentlich Atlantis?

Inselreich
Atlantis war eine mächtige und wohlhabende Stadt. Im Zentrum stand der goldene Tempel des Poseidon.

Ewiger Mythos
Ob es die Stadt und ihre prunkvollen Tempelanlagen je gegeben hat, ist fraglich.

Der Erste, der Atlantis erwähnte, war der griechische Philosoph Platon. Bereits um 360 v. Chr. beschrieb er Atlantis als ein riesiges Inselreich, das jenseits der Säulen des Herakles im Atlantik lag. Die »Insel des Atlas« war reich an Rohstoffen, vor allem aber an Gold und Silber. Die weiten Ebenen der großen Inseln waren außerordentlich fruchtbar. Es gab viele verschiedene Bäume, Pflanzen, Früchte und Tiere. Das größte und gefräßigste Tier dort war der Elefant.

Goldene Tempel

Auf der Hauptinsel gab es eine mehrere Hundert Kilometer große Ebene. Die Akropolis der Hauptstadt war auf einen Berg gebaut, der zentral auf der Insel lag. Um diese Akropolis lagen drei ringförmige Kanäle, die mit dem Meer verbunden waren. Im Zentrum von Atlantis stand der Tempel des Poseidon, der Gott des Meeres. Sein Tempel war innen und außen mit Gold und Silber überzogen und von goldenen Statuen umgeben. Daneben lag ein großes Hippodrom. Das ist eine Rennbahn für Pferde- und Wagenrennen. Im Zentrum von Atlantis wohnten die Herrscher. Am Stadtrand lebten die Krieger und die normalen Bürger. Dort gab es sowohl einen Hafen für Kriegs- als auch für Handelsschiffe. Die Macht über die Insel hatte Poseidon seinem ältesten Sohn Atlas übertragen.

Im Laufe der Zeit wurde Atlantis immer größer und mächtiger. Und so besaßen die Nachfahren des Atlas bald ein Heer aus 240 000 Kriegern und 1 200 Kriegsschiffen.

Der Untergang

Mit dieser furchterregenden Streitmacht unterwarfen sie die Völker Europas und Nordafrikas. Erst die zahlenmäßig weit unterlegenen Athener in Griechenland konnten die Atlanter aufhalten. Nach dem missglückten Überfall auf Athen sei Atlantis schließlich um 9600 v. Chr. infolge einer Naturkatastrophe innerhalb eines einzigen Tages und einer unglückseligen Nacht im Meer versunken, so schreibt Platon. Die Niederlage und der Untergang von Atlantis waren vermutlich die Strafe der Götter für die Selbstüberschätzung und den Hochmut seiner Herrscher. Heute gilt es als sicher, dass Platon mit dieser Geschichte seinen Lesern zeigen wollte, dass es falsch ist, gierig und überheblich zu sein. Und dazu erfand er Atlantis. Davon gehen heute zumindest viele Wissenschaftler aus.

Viele Theorien

Es gibt aber auch Menschen, die glauben, Platon habe einen Ort beschrieben, den es wirklich gab. Schon seit der Antike versuchten manche von ihnen, das untergegangene Atlantis zu finden. Entdeckt wurde es jedoch nie. Heute gibt es sogar regelmäßig Konferenzen zur Atlantis-Forschung und unzählige Bücher darüber. Die Teilnehmer dieser Konferenzen nennen sich oft selbst Atlantologen. Ginge es nach ihnen, könnte Atlantis an den unterschiedlichsten Orten unserer Erde liegen: in der Nähe von Helgoland, auf Sardinien, auf Sizilien, auf Malta, in Irland, in der Bretagne, auf Spitzbergen, in Norwegen, auf den Bahamas, auf den Azoren, in Asien oder in der Antarktis.
Um nur einige zu nennen.
Sehr wahrscheinlich ist Atlantis also nur eine schöne Fantasiegeschichte. Es gibt noch genügend echte Städte und Siedlungen, von denen wir sicher wissen, dass sie im Meer versunken sind. Und die Geschichten, die sie erzählen, sind genauso faszinierend und interessant.

Platon

Schon gewusst?

Platon gründete 388 v. Chr. in Athen die erste große Philosophenschule. Der bedeutende griechische Philosoph beschäftigte sich auch mit mathematischen und naturwissenschaftlichen Themen. Da er der Überzeugung war, dass die Erziehung von Kindern sehr wichtig ist, forderte er schon damals, dass es Kindergärten und öffentliche Schulen geben sollte.

Poseidon

Der Gott des Meeres

Poseidon war in der griechischen Mythologie der Gott des Meeres. Er wird oft in einem Streitwagen dargestellt, der von Hippokampen – Fabelwesen, die halb Pferd und halb Fisch sind – gezogen wird. Da die Griechen stark von der Seefahrt abhängig waren, beteten sie vor einer Reise zu Poseidon und opferten ihm angeblich sogar Pferde. War der Gott der Meere gut gelaunt, war die See ruhig und er erschuf neue Inseln. Wenn er aber zornig war, schleuderte er seinen Dreizack in die Erde. Dann gab es Erdbeben, das Meer tobte und Schiffe sanken.

Versunkene Steinzeit

Während der mittleren Steinzeit, also vor etwa 7 000 Jahren, lebten die Menschen in Norddeutschland an der Küste der damals noch recht jungen Ostsee. Durch den Anstieg des Meeresspiegels versanken diese kleinen Küstensiedlungen aber nach und nach im Wasser. Wenn Archäologen heute etwas über die Lebensweisen der Menschen an den Küsten von damals herausfinden möchten, müssen sie deshalb abtauchen. In einer Tiefe von etwa fünf bis acht Metern finden sich bereits die Überreste ihrer Siedlungen. Im Sediment der Ostsee haben sich viele Funde hervorragend erhalten.

Wie gräbt man unter Wasser?

Um an diese Funde zu gelangen, wird das Sediment am Meeresboden in einzelnen Quadraten vorsichtig abgesaugt. Und zwar mit einem überdimensionalen Staubsauger. Am Ende des Saugrohrs hängt ein Netzbeutel mit einer Maschengröße von nur wenigen Millimetern. Feinster Sand und Schlamm werden durch diese Maschen gespült, kleine Steine, aber auch Fundstücke, bleiben im Netz hängen. Wenn das Netz voll ist, wird es an Land gebracht, wo ein Team den ganzen Inhalt nach Funden durchsucht.

Was uns Knochen verraten

Durch die vielen gefundenen Knochen wissen wir mittlerweile sehr gut, was die Menschen damals jagten und aßen. In Neustadt in Ostholstein wurden zum Beispiel über 12 000 Knochen ausgegraben, von denen die Wissenschaftler knapp 4 000 verschiedenen Tierarten zuordnen konnten. Sie fanden Knochen von Kegelrobbe, Fischotter, Biber, Dachs, Luchs, Wolf, Rothirsch, Wildschwein, Elch, aber auch von Vögeln wie Schwan, Ente, Seeadler und Kranich. Auch mehrere Zehntausend Fischknochen wurden während der Taucharbeiten geborgen. Hauptsächlich von Dorsch und Scholle. Aber auch von Seeskorpion, Forelle, Makrele und Aal.

Die perfekte Erfindung

Die Archäologen wissen sogar, wie der Aal gefangen wurde. Sie fanden nämlich die Reste von Aalstechern. Dieses Fischfanggerät bestand aus zwei nach außen gebogenen hölzernen Sprossen mit einem in der Mitte angebrachten Knochendorn und einem langen Schaft. Damit wurden Fische im flachen Wasser gestochen. Diese Erfindung der Steinzeitmenschen war so perfekt, dass sie bis ins 20. Jahrhundert verwendet wurde.

Auf Fischfang

Von einem kleinen Einbaum aus geht ein steinzeitlicher Jäger mit einem Aalstecher auf Fischfang.

Arbeit unter Wasser

Mit einer Art Unterwasserstaubsauger (1) und einer Kelle (2) wird das Sediment abgetragen und alte Funde kommen zum Vorschein.

Schon gewusst?

Die Ostsee ist ein sehr junges Meer. Sie entstand erst am Ende der letzten Eiszeit, vor rund 10 000 Jahren. Vor circa 7 000 bis 2 000 Jahren stieg der Meeresspiegel weiter an und die Küstensiedlungen der damaligen Menschen gerieten unter Wasser.

Wie lebten die Menschen der Steinzeit?

Unter Wasser wurden in der Ostsee bislang noch keine Grundrisse von Häusern gefunden. Dank archäologischer Ausgrabungen an Land wissen wir trotzdem, wie die Häuser der Steinzeitmenschen ungefähr aussahen. Die länglichen Gebäude waren meist mit Lehm verputzt und das steile Dach mit Stroh bedeckt. Die Menschen von damals lebten in größeren Familien und teilweise mit ihrem Vieh gemeinsam in einem Gebäude. So waren die Tiere geschützt und gaben den Menschen im Winter zusätzlich von ihrer Wärme ab.

Das Taschenmesser der Steinzeit

Neben Knochen finden die Forscher oft auch viele Werkzeuge wie Beile oder Pfeilspitzen aus Stein, genauer gesagt aus Feuerstein. In der Wismarbucht wurde sogar eine Feuersteinklinge gefunden, die noch im Griff aus Haselholz mit Lindenbastumwicklung steckte.
Ein bislang einzigartiger Fund, wie ihn nur die Unterwasserarchäologie machen kann. An Land hätte sich nur die Klinge erhalten, Holz und Bast wären in der Erde zersetzt worden. Nur unter Wasser und geschützt vor Sauerstoff konnte dieses Taschenmesser der Steinzeit die Jahrtausende überdauern.
Auch Vorratsgefäße, Lampen, Angelhaken, Harpunen, Reusen sowie Einbäume und Paddel wurden schon entdeckt. Sie geben einen einzigartigen Einblick in das Leben der damaligen Menschen.

Feuerstein

Mit diesem Stein kann man Feuer machen. Er diente aber auch als Werkzeug und Waffe.

Seltener Fund

Ein Forschungstaucher hat bei einer Grabung unter Wasser ein Beil aus Geweih gefunden.

Angeberwissen

- Wissenschaftler, die sich mit den Überresten von Tieren aus archäologischen Grabungen beschäftigen, nennt man Archäozoologen.
- Die Archäozoologie ist also die Lehre von alten Tieren. Archäozoologen analysieren hauptsächlich Knochen, aber auch Muschelschalen, Schneckenhäuser, Tiermumien, Federn oder Fellreste.

Baiae 1

Ein tolles Erlebnis: Die Reste der römischen Stadt Baiae können heute von Tauchern und Schnorchlern erkundet werden. Die meisten der Statuen sind allerdings Nachbauten.

Baiae, Pavlopetri und Herakleion

Schon gewusst?

Sogar ein wunderschönes Fußbodenmosaik kann in Baiae unter Wasser bewundert werden. Mosaike bestehen aus vielen kleinen Steinen und waren bei den Römern in öffentlichen Gebäuden, privaten Palästen und Villen zu finden.

Baiae war eine antike Siedlung am Golf von Neapel an der Westküste Süditaliens. Der Ort war für seine warmen Quellen bekannt und entwickelte sich deshalb rasch zu einem beliebten Heilbad und Erholungsort. Viele der besonders wohlhabenden Römer ließen in der Umgebung der Stadt luxuriöse Villen erbauen. Auch römische Kaiser wie Caesar, Nero, Hadrian oder Caligula vergnügten sich hier. Denn der Wunsch nach einem Haus am Meer, in dem man seine freie Zeit verbringen, die frische Meeresluft genießen und sich den Annehmlichkeiten des Lebens hingeben kann, war auch schon bei den Römern vorhanden.

Die Erde bewegt sich

Durch vulkanische Aktivitäten hat sich über die Zeit der Meeresspiegel verändert und deshalb liegen einige Bereiche des antiken Ortes seit Langem unter Wasser. Diese Aktivität nennt man Bradyseismos. Das Wort kommt aus dem Griechischen und bedeutet so viel wie langsame Bewegung. Dabei hebt und senkt sich ein Teil der Erdoberfläche, quasi ein langsames Erdbeben. Heute kann man diesen versunkenen Teil der Stadt erkunden, entweder vom Boot aus oder ausgestattet mit Flossen und Tauchermaske direkt am Meeresgrund.

Tauchgang durch die Stadt

Unter Wasser, in etwa fünf Meter Tiefe, sieht man dann alte Straßen, Mauerzüge von Villen, mächtige Säulen, Fisch- und Muschelzuchtbecken sowie Reste von Mosaiken. Ein Highlight ist das Nymphäum, eine kleine Brunnenanlage, durch deren Reste man tauchen kann. Dort fanden Archäologen auch noch einige Statuen aus Marmor. Die stehen heute allerdings im Museum. Unter Wasser hat man aber für die Besucher Nachbauten platziert.

Die älteste versunkene Stadt der Welt

Auf dem sandigen Meeresgrund vor der griechischen Halbinsel Peloponnes liegen in vier Meter Tiefe die Überreste der mindestens 3 000 Jahre alten Stadt Pavlopetri. Sie stammt aus der Bronzezeit und gilt als älteste versunkene Stadt der Welt. Einst war sie 100 000 Quadratmeter groß. Etwa die Hälfte der Fläche haben Unterwasserarchäologen schon kartiert und dreidimensional vermessen. Sie fanden Wohnhäuser, Straßen, Höfe und Bauten für religiöse Zwecke sowie Gruften und Gräber. So konnten die Forscher den Grundriss der Hafenstadt fast vollständig rekonstruieren. Die Stadt Pavlopetri existierte bis etwa 1000 v. Chr.; danach versank sie im Meer. Geologen vermuten, ihr Untergang könnte mit einem Anstieg des Meeresspiegels oder einem Erdbeben zusammenhängen.

Herakleion – die Hafenstadt der Pharaonen

Nur etwa acht Meter unter der Wasseroberfläche sind Archäologen vor Ägyptens Mittelmeerküste auf Überreste der sagenumwobenen Stadt Herakleion gestoßen. Sie fanden eingestürzte Tempel und Häuser, gepflasterte Straßen, Mauerwände, Abwassersysteme, Sarkophage und Schreine aus Granit und sogar sieben Meter hohe Statuen von Pharaonen. Teilweise waren die Funde bis zu zwei Meter mit Sand bedeckt, der erst einmal mühsam abgesaugt werden musste. Herakleion war nicht nur ein bedeutendes religiöses Zentrum. Es war seit dem 6. Jahrhundert v. Chr. auch ein reger Handelshafen und eine Zollstation. Wie wichtig der Seehandel für die Stadt war, sieht man an den zahlreichen Hafenbecken, in denen mehr als 70 antike Schiffswracks gefunden wurden. Wahrscheinlich ist auch Herakleion durch ein Erdbeben im Meer versunken.

Pavlopetri
Heute sind die Reste der ältesten versunkenen Stadt der Welt durch Touristen, Bootsverkehr und Souvenirjäger bedroht.

Herakleion
Auch in Ägypten wurde eine versunkene Stadt entdeckt und untersucht. Unter den spektakulären Funden waren auch riesige Statuen von Pharaonen.

Im Wattenmeer

Mitten im Wattenmeer der Nordsee **(1)** *liegen die Überreste von Rungholt* **(2)**. *Bei Ebbe, also Niedrigwasser, werden sie wieder sichtbar.*

Rätselhaftes Rungholt

Am 16. Januar 1362 zerstörte eine gewaltige Sturmflut den Handelsort Rungholt im nordfriesischen Wattenmeer. Er geriet daraufhin in Vergessenheit und lange Zeit gab es keine Beweise oder verlässlichen Quellen, dass Rungholt wirklich existierte. Es entstanden fantastische Vorstellungen und Geschichten über den Reichtum und die Größe der untergegangenen Stadt. Zu den Legenden zählt auch, dass bei ruhigem Wetter die Kirchenglocken Rungholts unter der Wasseroberfläche zu hören seien und dass die Stadt unversehrt alle sieben Jahre wieder aus dem Meer auftauche. Doch lange wusste niemand wirklich, wo die Stadt lag und was hinter den Geschichten steckte. Erst Anfang des 20. Jahrhunderts spülten die Gezeiten in der Nähe der kleinen Insel Südfall Funde im Watt frei. Rungholt tauchte wieder auf.

Eine Stadt taucht auf

Ein Heimatforscher kartierte diese Funde und entdeckte nach und nach Überreste von Brunnen, Wegen, Äckern mit Pflugspuren, Keramiken sowie die Reste von zwei großen hölzernen Schleusenanlagen. Aufgrund der Anzahl und der Verteilung von 100 Brunnenresten schätzte er die Einwohnerzahl auf etwa 1 500 bis 2 000 Menschen. Eine hohe Zahl für eine Siedlung des 14. Jahrhunderts in dieser Gegend. Zum Vergleich: Kiel hatte zu jener Zeit genauso viele Einwohner, Hamburg hatte zwischen 5 000 und 10 000. Eine Stadtmauer gab es in Rungholt wohl nicht. Dafür wurden die Überreste von Deichen gefunden, die die Stadt vor Wasser schützen sollten.

Frühe Forschung

Zwischen 1921 und 1938 spülten die Gezeiten im Watt viele Überreste frei. Heimatforscher haben sie mühevoll vermessen.

Okarina

Schon vor 12 000 Jahren fertigten die Menschen Instrumente, die dieser Flöte ähnlich waren.

Die Rungholt-Flöte

Unter all den spannenden Funden, die in Rungholt entdeckt wurden, ist auch eine kleine, knapp zehn Zentimeter lange Flöte aus Ton. Fachleute nennen sie Okarina. Das Wort kommt aus dem Italienischen und bedeutet wortwörtlich kleine Gans. Angeblich entdeckte die Flöte ein englischer Pilot, der im Zweiten Weltkrieg über dem alten Rungholt-Gebiet abgeschossen wurde. Er wusste, dass er bei der nächsten Flut ertrinken würde. Deshalb spielte er auf der Flöte und machte so auf sich aufmerksam. Eine alte Gräfin, die in der Nähe lebte, ging den Tönen nach und rettete den Piloten vor dem sicheren Tod. Eine spannende Geschichte, die aber nur erfunden ist. Denn die Flöte wurde bereits um 1929 gefunden. Allerdings dürfte sie auch aus weit entfernten Ländern stammen und gelangte höchstwahrscheinlich über Handelswege nach Rungholt.

Muscheln

Muscheln haben dieses alte Gefäß als ihre neue Heimat entdeckt.

Keramik

Je nach Form, Farbe und Verzierung können Archäologen feststellen, woher die Keramik kommt und wie alt sie ist.

Handelszentrum

Dass die Stadt tatsächlich regen Handel betrieb, können Archäologen übrigens aus der gefundenen Keramik ableiten. Denn etwa 30 Prozent der Keramik wurden importiert, kommen also von weit her. Unter den Funden befinden sich außerdem Luxusgegenstände wie Krüge aus dem Rheinland, eine maurische Kanne aus Spanien und Haushaltsgefäße aus Skandinavien.

Angeberwissen

- Grote Mandränke – Plattdeutsch für »großes Ertrinken« – nennt man bis heute die verheerende Sturmflut, die die deutsche Nordseeküste von Ostfriesland bis Nordfriesland verwüstete und auch die Stadt Rungholt zerstörte.
- Laut späterer Überlieferung dauerte die Sturmflut ganze drei Tage – vom 15. bis zum 17. Januar 1362. Annähernd 100 000 Hektar Land gingen verloren und etwa 100 000 Menschen sollen dabei ums Leben gekommen sein. Neueste Schätzungen gehen allerdings von etwa 10 000 Toten aus.

Port Royal – die verlorene Piratenstadt

Piratenbeute

Auf ihren Handelsrouten kamen viele Schiffe an Port Royal vorbei. Sie waren eine willkommene Beute für die Piraten.

Port Royal auf Jamaika war im 17. Jahrhundert eine der reichsten Hafenstädte der Welt und das wirtschaftliche Zentrum der Karibik. Dank der günstigen Lage war sie die letzte Anlaufstelle auf dem Rückweg der Seefahrer von der Neuen in die Alte Welt, also von Amerika nach Europa. Und so kamen sogar die reich beladenen Galeonen der Spanier – auch Silberflotte genannt – hier vorbei. Der Hafen war sicher und tief genug, sodass selbst große Schiffe dort anlegten, um Waren abzuladen und neue aufzunehmen.

Die verruchteste Stadt der Welt

Entsprechend bunt war die Bewohnerschaft der Stadt: Geschäftemacher, Hafenarbeiter, Seefahrer, Glücksritter, ehemalige Sklaven und natürlich auch Piraten ließen sich hier gerne nieder. Deshalb erwarb sich Port Royal auch schnell den Ruf, die verruchteste Stadt der Welt zu sein. Wissenschaftler schätzen, dass bis zu 7 000 Menschen hier lebten und fast täglich Schiffe im Hafen der Stadt anlegten. Und obwohl das Kapern, also der Überfall auf ein fremdes Schiff, eigentlich verboten war, war wohl die Hälfte der Bewohner irgendwie daran beteiligt. Sie fuhren von Port Royal raus aufs Meer und enterten reich beladene Schiffe.

Das Erdbeben

Am 7. Juni 1692, kurz vor der Mittagszeit, endete die Blütezeit der Stadt abrupt: Ein heftiges Erdbeben erschütterte Jamaika, auf das kurz darauf eine Tsunamiwelle folgte. Der sandige Untergrund kam ins Rutschen und große Teile Port Royals verschwanden. Innerhalb von Minuten versanken über 60 Prozent der Warenhäuser und angehäuften Schätze für immer im Meer.

Schatzinsel

In der Karibik gibt es viele kleine Inseln. Angeblich haben Piraten oftmals dort ihre unermesslichen Schätze vergraben.

Angeberwissen

- Ein Teil der Stadt befand sich auf einer Landzunge mit sandigem Untergrund. Bei dem Erdbeben rutschte diese fast senkrecht ins Meer ab.
- Etwa die Hälfte der Bevölkerung soll bei dem Unglück ums Leben gekommen sein.

Was Archäologen fanden

Ein Gebiet der Stadt ist einfach nahezu senkrecht gesunken. Die Häuser der Lime Street zwischen den Kreuzungen mit der Queen Street und der High Street – das frühere Zentrum Port Royals – ruhen noch immer so am Meeresgrund, wie sie vor Jahrhunderten untergegangen sind. Von Algen und Muscheln überwachsen und von bunten Fischen bewohnt, fanden die Taucher in einem Haus Zinnteller, Kerzenhalter, chinesische Tassen, Schüsseln und kleine Hundefiguren aus Porzellan, einen goldenen Ring, silberne Gabeln und Löffel.

Die Uhr steht still

Während der Taucharbeiten entdeckten die Forscher auch eine Taschenuhr. Eine Gravur verrät, woher sie stammt: Der französische Uhrmacher Paul Blondel hat sie um 1686 gefertigt. Als sie am 7. Juni 1692 um 11:43 Uhr im Wasser versank, blieben ihre Zeiger stehen. Bis heute haben sie sich nicht bewegt. So bleibt sie für immer eine unheimliche Erinnerung an die Katastrophe.

Henry Morgan

Einer der berühmtesten Piraten der Karibik war der aus Wales stammende Henry Morgan.
1668 überfiel er mit rund 500 Freibeutern die Stadt Portobelo in Panama und erbeutete Unmengen an Gold, Silber und Edelsteinen. Mit rund 1 800 Piraten und 36 Schiffen gelang ihm 1671 sogar die Eroberung Panamas.
Zu jener Zeit war sie die größte und reichste Niederlassung Spaniens in Amerika.
Vermutlich entwickelte Morgan auch den Piratenkodex. Beim Anheuern unterschrieb ein Pirat diesen Vertrag, der ihm demokratische Mitspracherechte bei der Wahl des Kapitäns und einen festgelegten Anteil an der Beute sicherte.
Henry Morgan starb 1688, also vier Jahre vor dem Untergang Port Royals.

Falscher Eindruck?

Unser Bild über Piraten ist von Filmen und Büchern geprägt, die ihr Leben oft falsch darstellen.

Schon gewusst?

Die Piratenflagge wird auch Jolly Roger genannt. Der Name kommt vermutlich von ihrer ursprünglich blutroten Farbe: »joli rouge«, französisch für »schönes Rot«. Erst um 1700 entwickelte sich die heute so bekannte schwarze Totenkopfflagge.

Pyramiden, Außerirdische und Fake News

Ein abgestürztes Ufo in der Ostsee? Nur mit ganz viel Fantasie sieht die Anomalie am schlammigen Grund aus wie das Raumschiff einer Science-Fiction-Geschichte.

Immer wieder ist zu hören, dass irgendwo in den Weltmeeren ominöse Funde gemacht werden. Entweder wurde Atlantis entdeckt, eine andere untergegangene Zivilisation oder gar Zeugnisse von Außerirdischen. Diese Nachrichten verbreiten sich besonders über das Internet sehr schnell, da sie auf die Sensationsgier der Menschen setzen. Doch sobald sich Wissenschaftler diese Funde genauer ansehen, wird klar: Es handelt sich immer um Falschmeldungen, sogenannte Fake News.

Die Ostsee-Anomalie

2011 fanden schwedische Schatzsucher auf der Suche nach Schiffswracks in der Ostsee mithilfe eines Sonars ein mysteriöses Objekt, das schnell als Ostsee-Anomalie bekannt wurde. Auf dem recht verwaschenen Bild sieht man nicht mehr als einen runden Gegenstand von etwa 60 Metern Durchmesser. Angeblich ist er nicht natürlichen Ursprungs, da man auch Treppen, Rampen und andere künstliche Strukturen erkennen kann. Ein Jahr später wollten die Schatzsucher bessere Aufnahmen machen, kamen aber mit leeren Händen zurück, weil sie angeblich Probleme mit der Technik hatten.

Ein unbekanntes Flugobjekt?

Mittlerweile kursierte das Gerücht, dass dort unten in 80 Metern Tiefe ein Portal in eine andere Welt liegt oder es sich bei dem Objekt um ein abgestürztes Raumschiff handelt. Einige erkannten nämlich eine gewisse Ähnlichkeit mit dem Millennium Falken aus Star Wars. Wissenschaftler aus Schweden, Finnland und den USA haben daraufhin Proben der Anomalie untersucht und festgestellt, dass es sich dabei nicht um außerirdisches Metall, sondern um normalen Sandstein, Granit und Gneis handelt. Die Formation ist also natürlichen Ursprungs, wenn die Form auch etwas ungewöhnlich ist. Sie entstand vermutlich während der letzten Eiszeit, als Gletscher riesige Steine und Geröll bewegten.

Schon gewusst?

Vier Milliarden Jahre alt ist das älteste jemals gefundene Gestein der Erde. Dabei handelt es sich um Gneis. Dieser bildet sich in der Erdkruste durch Hitze und hohen Druck aus noch älteren Gesteinen.

Glatte Steine

Wie von Menschenhand glatt geschliffen wirken die Steine des Yonaguni-Monuments. Oder sind sie doch nur das Ergebnis natürlicher Prozesse?

Das Yonaguni-Monument

Das Yonaguni-Monument liegt im Südwesten Japans nahe der gleichnamigen Insel Yonaguni. Mitte der Achtzigerjahre hat die seltsame Gesteinsformation ein japanischer Taucher entdeckt. Er glaubte von Beginn an, dass dieser große Steinblock von Menschenhand geschaffen wurde. Der annähernd rechteckige Felsklotz mit einer Oberfläche von etwa 50 mal 20 Metern steht in circa 25 Metern Tiefe auf dem Meeresboden. Dort liegt er bereits seit dem Ende der letzten Eiszeit vor etwa 10 000 Jahren. Und in der Tat sieht der riesige Steinblock sehr ungewöhnlich aus. Er hat ein glatt poliertes Plateau, straßenartig verlaufende Terrassen und von senkrechten Wänden eingefasste Kanäle. Alle Kanten verlaufen annähernd gerade und alles sieht aus, als ob eine frühere Kultur den Stein bearbeitet hätte. Ist hier also wirklich eine unbekannte Zivilisation und ihre Stadt untergegangen? Liegt hier vielleicht sogar das Atlantis Japans?

Unterwasserpyramiden

Kein Wunder also, dass viele Medien seit seiner Entdeckung von einer archäologischen Sensation und von Pyramiden unter Wasser sprechen. Seitdem sorgt das Yonaguni-Monument auch für heftigen Streit zwischen Archäologen, Geologen, Historikern und Esoterikern. Dabei geht es um die Frage, ob die Formation das Überbleibsel einer hoch entwickelten frühen Kultur oder einfach durch natürliche Erosion entstanden ist. Denn über Jahrtausende, als der Meeresspiegel noch niedriger war, haben Wind und Wasser den Steinblock bearbeitet und glatt geschliffen. Und deshalb gehen Geologen auch bei diesem Fund davon aus, dass er auf natürliche Art und Weise entstanden ist.

Entdeckt wurde die Felsformation von dem japanischen Tauchlehrer Kihachiro Aratake. Der Fels sieht so aus, als würden riesige Treppenstufen auf ein Plateau führen.

So sah ein typisches Handelsschiff vor rund 2 000 Jahren aus. Das Schiff von Antikythera war reich beladen, als es vor der gleichnamigen griechischen Insel unterging.

Das Schiff von Uluburun gibt wichtige Erkenntnisse über den Handel während der Bronzezeit im Mittelmeerraum. Das Bild zeigt lediglich eine Rekonstruktion des Schiffes.

Antike Schiffswracks der Extraklasse

Vor etwa 3 300 Jahren segelte ein kleines, etwa 15 Meter langes Handelsschiff die türkische Küste entlang. Vielleicht war es auf dem Weg zu einem mykenischen Palast, um dort seine exklusiven Waren abzuliefern. Dort angekommen ist es jedenfalls nie. Das Schiff sank vor der steinigen Küste am Kap Uluburun. Was für die Seeleute von damals ein schreckliches Unglück bedeutete, ist für die Archäologen von heute ein großer Glücksfall. Denn für viele Wissenschaftler gehört das Schiffswrack von Uluburun zu den wichtigsten Entdeckungen des 20. Jahrhunderts.

Aufwendige Untersuchung

Nachdem ein Schwammtaucher das Wrack von Uluburun in rund 60 Metern fand, untersuchte es ein internationales Team von Unterwasserarchäologen. Sie brauchten 22 500 Tauchgänge, um alles zu vermessen und die Funde sicher nach oben zu bringen. Niemals zuvor wurde eine solche Vielfalt an sensationellen Gegenständen aus einem prähistorischen Wrack geborgen.

Das Schiff und seine Ladung

Vom Schiff selbst sind nur etwa drei Prozent Zedernholz erhalten geblieben. Der Rest wurde von Schiffsbohrwürmern gefressen. Aber die gut erhaltenen Funde geben einen spannenden Einblick in die Bronzezeit. Der größte Teil der Ladung bestand aus zehn Tonnen Kupfer und einer Tonne Zinn, die zusammen zu Bronze verarbeitet werden konnten.
Die etwa 150 gefundenen Amphoren waren gefüllt mit Pistazienharz, Oliven, Olivenöl, Granatäpfeln und Glasperlen.
Zu den Luxusgütern an Bord gehörten Elfenbein von Elefanten und Flusspferden, afrikanisches Ebenholz, drei Straußeneier, Bergkristalle, Bernstein von der Ostsee, zwei entenförmige Kosmetikbehälter mit

Funny Fact

Blinder Passagier

Unter all den fantastischen Funden, die zum Wrack von Uluburun gehören, war auch ein sehr kurioser: ein winziger Unterkieferknochen, der von einer syrischen Hausmaus stammt. Vermutlich war sie bei einem Zwischenstopp im Hafen von Ugarit als blinder Passagier an Bord gekommen.

Wertvolle Funde

Obwohl nur etwa drei Prozent Holz übrig blieben, konnte das Schiff von Uluburun mithilfe alter Abbildungen rekonstruiert, nachgebaut und so die Segeleigenschaften getestet werden (1). Unter den vielen Funden aus dem Wrack war auch dieser Goldanhänger (2). Er zeigt die ägyptische Göttin Astarte. In ihren Händen hält sie je eine Gazelle oder Antilope.

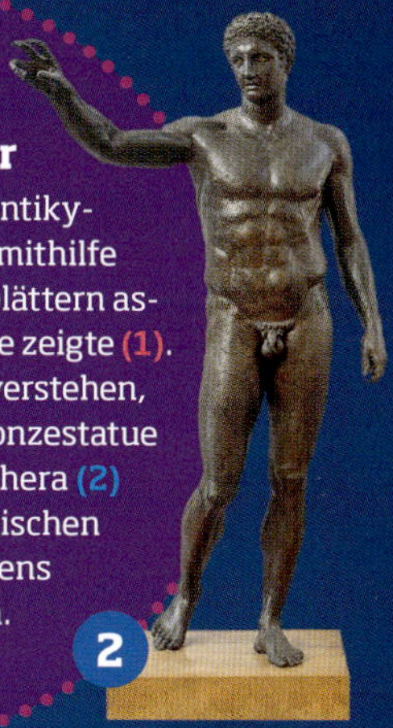

Eine ganz besondere Uhr

Der Mechanismus von Antikythera ist eine Art Uhr, die mithilfe von Zahnrädern und Ziffernblättern astronomische Zusammenhänge zeigte (1). Um mehr über das Gerät zu verstehen, wurde es nachgebaut. Die Bronzestatue des Jünglings von Antikythera (2) kann heute im Archäologischen Nationalmuseum Athens bewundert werden.

beweglichen Flügeln, viele Goldanhänger und ein goldener Skarabäus der ägyptischen Königin Nofretete. Aber auch alltägliche Gegenstände wie Waffen, Werkzeuge sowie persönliche Gegenstände wurden gefunden.

Das Antikythera-Wrack

Auch das Wrack von Antikythera wurde zufällig von Schwammtauchern entdeckt. Es war etwa 50 Meter lang, bestand aus Eichen- und Ulmenholz und ging im 1. Jahrhundert v. Chr. vor der kleinen griechischen Insel Antikythera unter. Genau wie das Schiff von Uluburun hatte es viele wertvolle Objekte geladen. Die Archäologen fanden zahlreiche Skulpturen aus Bronze und Marmor. Der sogenannte Jüngling von Antikythera, eine fast zwei Meter große Bronzestatue, und der fast lebensgroße Bronzekopf eines griechischen Philosophen gehören zu den bekanntesten Funden aus dem Wrack. Außerdem entdeckten die Archäologen Silber- und Goldmünzen, Keramik und Glas sowie die Reste von 22 menschlichen Knochen.

Der erste Computer der Welt

Der mit Abstand berühmteste Fund aus dem Wrack ist aber der sogenannte Mechanismus von Antikythera. Er wurde in 82 einzelnen Fragmenten geborgen und wiederzusammengesetzt. Er ist so komplex, dass ihn Forscher bis heute nicht ganz verstehen. Mehrfach haben sie die Überbleibsel mit Röntgenstrahlen durchleuchtet und zunächst am Computer und später real nachgebaut. Der Mechanismus aus mehr als 30 Bronzerädern mit feinen Zähnen steckte einst in einem kleinen Holzkasten. Erst seit Kurzem ist klar, dass der mysteriöse Kasten unter anderem ein Kalender zur Vorhersage von Mond- und Sonnenfinsternissen war. Außerdem diente er als eine Art Terminplaner für die Wettbewerbe in den Zeiten zwischen den Olympischen Spielen. Das Gerät setzte also einzelne Daten zueinander in Beziehung und ist damit eigentlich so etwas wie der erste analoge Computer der Menschheit. Was für ein Schatz!

Taucharbeiten

Am Wrack haben die Taucher oft nicht viel Zeit, um ihrer Arbeit nachzugehen. Um Gegenstände aus Eisen, Bronze oder Gold schneller finden zu können, setzen sie deshalb einen Metalldetektor ein.

→ Rekord

Rund **20000** Silbermünzen und **5000** Goldmünzen hatte die »Mars« an Bord. Damit sollten Söldner bezahlt werden.

Das Kriegsschiff »Mars«
Das Schiff war eine schwimmende Festung und galt als unbesiegbar.

Das mächtigste Kriegsschiff Europas

König Erik XIV.
Nach seiner Thronbesteigung ließ er eine mächtige Flotte bauen. Mit ihr wollte er seine Macht festigen.

Im 16. Jahrhundert versuchte der schwedische König Erik XIV., seinen Einfluss und sein Reich zu vergrößern. Dazu ließ er viele Schiffe bauen. Die Krönung seiner Flotte war ein ganz besonderes Segelkriegsschiff: die »Mars«. Benannt wurde sie nach dem gleichnamigen römischen Kriegsgott. Mit einer Länge von über 50 Metern war sie damals das mächtigste Kriegsschiff Europas. An Bord hatte die »Mars« mit über 100 Kanonen die schwerste Bewaffnung ihrer Zeit.

Schlacht und Untergang

Am 30. Mai 1564 kam es dann zu einer gewaltigen Seeschlacht. Während des Dreikronenkriegs kämpfte Schweden gegen Dänemark, das mit der Hansestadt Lübeck und Polen eine Allianz bildete, um die Vorherrschaft im Ostseeraum zu erlangen. Dabei wurde die »Mars« von Hunderten feindlichen Soldaten geentert. Dann fing das Schiff plötzlich Feuer, das sich rasch den Pulverkammern näherte. Kurz darauf erschütterten zwei Explosionen das Schiff. Es war das Ende der stolzen »Mars« – sie sank auf den Grund der dunklen Ostsee.

Die mühsame Erforschung des Wracks

2011 wurde das Wrack wiederentdeckt. Nur speziell ausgebildete technische Taucher mit viel Erfahrung konnten das Wrack der »Mars« in einer Tiefe von 75 Metern untersuchen. An der Fundstelle angekommen, blieb ihnen nur etwa eine halbe Stunde; dann mussten sie wieder an die Oberfläche zurück. Der Aufstieg dorthin dauerte über

Das Wrack der »Mars«

Durch das Fotomosaik wird die ganze Fundstelle der »Mars« sichtbar. Ganz klein erscheint der Taucher mit seinen weißen Sauerstoffflaschen auf dem Rücken. Man kann erahnen, wie gewaltig das Schiff einmal war.

eine Stunde. Weil die Wassertemperatur dort unten nur knapp vier Grad beträgt, waren die Forscher mit Trockentauchanzügen, dicken Handschuhen und sogar mit elektrischen Heizwesten ausgestattet.
Da das kalte Wasser der Ostsee aber einen niedrigen Salzgehalt und einen geringen Sauerstoffanteil hat, ist das Holzwrack der »Mars« sehr gut erhalten geblieben. Denn die zerstörerische Schiffsbohrmuschel Teredo navalis kann hier nicht überleben. Somit bekamen die Archäologen einen einzigartigen Einblick in den Aufbau eines kompletten Kriegsschiffes aus dem 16. Jahrhundert.

Modernste Technik

Das Wrack wurde mit Seitensichtsonar, Echolot und Multibeam, also Fächerecholot, untersucht. Ein ROV – ein ferngesteuertes Unterwasserfahrzeug – sendete Hunderte Daten vom Wrack direkt nach oben.
Und aus 640 hochauflösenden Einzelfotos erstellten die Wissenschaftler ein Fotomosaik, das die »Mars« erstmalig komplett zeigte. Es ist ein Bild, das buchstäblich um die Welt ging. Danach dokumentierten die Wissenschaftler das gesamte Wrack im 3D-Verfahren. Dazu wurden über 20 000 Detailaufnahmen der Fundstelle gemacht, die später an leistungsstarken Computern mit speziellen Programmen zu einem dreidimensionalen, digitalen Modell zusammengefügt wurden. Und so wird das Jahrhundertwrack und seine Geschichte für uns alle wieder greifbar.

Kanone in 3D

Mit einem Computerprogramm hat Florian Huber aus vielen Einzelbildern ein Modell der Kanone erstellt und dann mit einem 3D-Drucker ausgedruckt.

Unglaublich!

Die beiden Brüder Richard und Ingemar Lundgren suchten 20 Jahre nach der »Mars«, bevor sie sie 2011 endlich fanden. Seit sie Kinder waren, träumten sie von diesem besonderen Tag.

Schlacht vor Cartagena

Am 8. Juni 1708 kam es vor Cartagena zu einem erbitterten Gefecht. Die »San José« fing Feuer und versank im Meer.

Der Heilige Gral unter den Schatzschiffen

Im Mai 1708 lagen drei spanische Schiffe im Hafen von Portobelo in Panama: die »San José«, die »San Joaquín« und die »Santa Cruz«. Bewacht wurden sie von schwer bewaffneten Geleitschiffen. Denn die drei Galeonen, die zur spanischen Silberflotte gehörten, hatten unvorstellbare Schätze an Bord. Von der »San José« vermutet man, dass sie mit 344 Tonnen Gold- und Silbermünzen sowie 116 Kisten mit Smaragden beladen war.

Die Silberflotte

Als spanische Silberflotte wurden Handelsschiffe bezeichnet, die vom 16. bis zum 18. Jahrhundert in der Regel zwei Mal im Jahr nach Mittel- und Südamerika und zurück nach Spanien segelten. Auf dem Hinweg transportierte die Flotte Waren des täglichen Bedarfs. Auf dem Rückweg bestand die Ladung überwiegend aus gewonnenen Edelmetallen, in erster Linie Silber.

Der größte Schatz am Grund des Meeres

Im Juni 1708 segelten die »San José« und die anderen Schiffe von Panama nach Cartagena in Kolumbien. Doch dort wurden sie von vier englischen Kriegsschiffen angegriffen, die es auf die Schätze an Bord abgesehen hatten. Nach einer heftigen Seeschlacht entkam die »San Joaquín«, während die »Santa Cruz« geentert wurde. Die »San José« aber explodierte und sank wenige Meilen vor dem Hafen Cartagenas in die Tiefe. Seit diesem 8. Juni im Jahr 1708 gilt die »San José« als möglicherweise größter Schatz am Grund des Meeres.

Goldmünzen

Niemand weiß, wie viele Gold- und Silbermünzen genau die »San José« geladen hatte.

Kanonen

Am Meeresboden verstreut liegen die Kanonen der »San José«.

Etwa 30 Kilometer vor der Küste Cartagenas ist das Schiff samt Ladung untergegangen.

Der Milliardenschatz

Der heutige Wert ihrer Ladung wird auf mehrere Milliarden Euro geschätzt. Unter Schatzsuchern wird die Galeone deshalb als Heiliger Gral unter den Schatzschiffen gehandelt. Bereits 1981 verkündete eine amerikanische Schatzsucherfirma, sie habe das Gebiet, in dem die Galeone liege, entdeckt. 2015 gab Kolumbiens Staatspräsident Juan Manuel Santos bekannt, ein Team internationaler Experten habe das Wrack mithilfe des autonomen Unterwasserfahrzeugs REMUS 6000 gefunden und anhand der Bronzekanonen eindeutig identifizieren können. Es läge in etwa 600 Metern Tiefe.

Verborgene Schätze

Als das Schiff vor Cartagena sank, starben auch mehr als 500 Seeleute, Soldaten und Passagiere. Nur wenige überlebten das Unglück und wurden gerettet. Zwar wissen wir, dass das Schiff reich mit Gold, Silber und Edelsteinen beladen war, doch gibt es sicher auch noch viele persönliche Gegenstände der Mannschaft, die im Wrack der »San José« verborgen liegen.

Der große Streit ums Geld

Jetzt soll ein Museum gebaut werden, in dem nach der Bergung der Schatz ausgestellt werden kann. Doch es gibt Streit darum, wem das Schiff rechtmäßig gehört. Laut UNESCO-Konvention ist es Eigentum des Herkunftslandes und gehört damit Spanien. Doch Kolumbien hat diese Konvention nie unterschrieben und sagt, da das Wrack in kolumbianischen Gewässern liege, gehörte es ihnen. Einen Teil der Funde will Kolumbien sogar verkaufen, was wiederum vielen Archäologen nicht gefällt. Sie sind der Meinung, Geschichte gehörte uns allen und dürfte nicht einfach gegen Geld gehandelt werden. Und auch die Schatzsucher, die das Wrack schon in den 1980er-Jahren gefunden haben, beanspruchen einen Teil der Funde für sich. Im Juni 2017 kündigte der kolumbianische Präsident die baldige Bergung der »San José« an. Bislang ist aber nichts passiert. Wurde sie am Ende doch noch nicht gefunden?

Angeberwissen

- Eine Galeone war ein meist dreimastiges Segelschiff, das im 16. Jahrhundert in Spanien entwickelt wurde.
- Galeonen waren schnell, wendig und hochseetauglich. Deshalb übernahmen diesen Schiffstyp auch viele andere Seefahrernationen in Europa und entwickelten ihn weiter.
- Typisch für eine Galeone war das Galion, eine vorspringende Plattform am Bug der Schiffe. Diese wurden im Laufe der Zeit immer reicher geschmückt, mit Schnitzereien versehen und oft mit einer Galionsfigur verziert.

Meuterei auf der »Bounty«

Im Jahr 1787 stach der Dreimaster »Bounty« von England aus in See. Das etwa 27 Meter lange Schiff sollte nach Tahiti in die Südsee segeln, um dort Stecklinge des Brotfruchtbaums zu sammeln. Diese sollten dann direkt in die Karibik gebracht werden, um dort als preiswertes Nahrungsmittel für die Sklaven auf den dortigen Zuckerrohrplantagen zu dienen. Zur Besatzung der »Bounty« gehörten insgesamt 46 Personen. Das Kommando hatte der 33-jährige Leutnant William Bligh, der bereits unter dem berühmten Entdecker James Cook gedient hatte.

Die lange Reise ins Paradies

Die Reise nach Tahiti dauerte zehn lange Monate, bevor die »Bounty« in der Matavai-Bucht vor Anker ging, um weitere fünf Monate vor der paradiesischen Insel zu bleiben. Die Mannschaft genoss derweil das exotische Leben mit den freundlichen Inselbewohnern. Sie feierten, tranken, faulenzten und manche ließen sich sogar tätowieren, wie es bei den Einheimischen Brauch war.

Die Meuterei

Anfang April 1789 verließ die »Bounty« schließlich mit 1 015 Jungpflanzen des Brotfruchtbaumes an Bord Tahiti. Doch schon am 28. April kam es zur berühmten Meuterei, die seitdem immer wieder in Büchern, Filmen und

Fletcher Christian

Schon mit 18 Jahren fuhr der Engländer Fletcher Christian zur See. Später wurde er zum Anführer der berühmten Meuterei.

William Bligh

Anders als oft dargestellt, war William Bligh kein grausamer Kommandant. Er war streng, aber gerecht.

Einfach ausgesetzt

Als es auf der »Bounty« (1) zur Meuterei kam, wurden Kapitän Bligh sowie 18 Seeleute kurzerhand mitten im Pazifik ausgesetzt (2) und ihrem Schicksal überlassen.

Polynesische Frucht

Der Brotfruchtbaum kommt ursprünglich aus Polynesien. Seine Früchte können bis zu sechs Kilogramm schwer werden. Die Verwendung ist ähnlich vielfältig wie bei Kartoffeln.

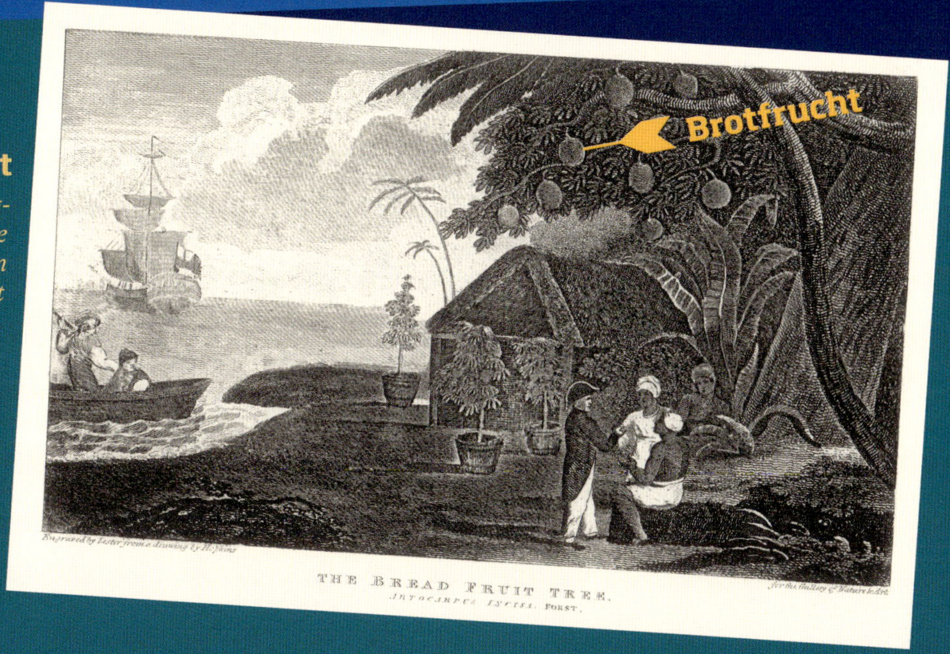

Theaterstücken beschrieben wird. Am Abend zuvor beschuldigte William Bligh den Steuermannsmaat Fletcher Christian, sich heimlich am Schiffsvorrat vergriffen zu haben. Christian, der sich wiederholt ungerecht behandelt fühlte, betrank sich daraufhin und erwähnte gegenüber einigen Matrosen, dass er gerne mit einem Floß nach Tahiti zurückkehren würde. Vermutlich wurde er aber überredet, stattdessen Bligh auszusetzen. Gesagt, getan: Unter Führung Christians brachten die Meuterer das Schiff unter ihre Kontrolle und zwangen Bligh, zusammen mit 18 loyal gebliebenen Besatzungsmitgliedern in ein kleines Beiboot zu steigen.

Ausgesetzt in einer Nussschale

So wurden die 19 Männer in einem nur sieben Meter langen Boot im endlosen Pazifik ausgesetzt. Eine schreckliche Vorstellung. Denn außer ein wenig Nahrung und Wasser hatten sie von den Meuterern nur einen Kompass, einen Oktanten zur Messung von Winkeln sowie eine Taschenuhr erhalten. Doch damit schaffte es Bligh, das kleine Beiboot der »Bounty« in 48 Tagen fast 6 000 Kilometer zum niederländischen Stützpunkt Kupang in Indonesien zu steuern. Das funktionierte nur, weil er ein ausgezeichneter Navigator war und die verbliebenen Lebensmittel auf 60 Gramm Zwieback und 125 Milliliter Wasser pro Person und Tag reduzierte. Zurück in England wurde Bligh in einem Gerichtsprozess – der beim Verlust eines jeden Schiffes der englischen Flotte stattfand – freigesprochen.

Das Ende der »Bounty«

Die Meuterer hingegen kehrten zunächst nach Tahiti zurück. Da sie aber Angst hatten, dort aufgespürt zu werden, wollten sie zusammen mit einigen Einheimischen gleich wieder aufbrechen. Sie machten sich auf die Suche nach einer einsamen Insel, auf der sie ein neues Leben beginnen konnten. 16 Meuterer entschieden sich jedoch, auf Tahiti zu bleiben. Der Rest segelte mit Fletcher Christian los und fand schließlich die unbewohnte Insel Pitcairn. Dort zündete er die »Bounty« an und versenkte sie. Noch heute liegen einige wenige Reste am Meeresgrund. Ein geborgener Anker und eine Kanone stehen in dem kleinen Dorf Adamstown, in dem noch heute etwa 50 Nachfahren der Meuterer leben.

Funny Fact

Alle Jahre wieder

Alljährlich am 23. Januar, dem Bounty Day, schieben die Bewohner von Pitcairn ein kleines Schiffsmodell aufs Wasser hinaus und zünden es an. So gedenken sie des Tages, an dem ihre Vorfahren die Insel erreichten und dort ein neues Leben begannen.

Insel Pitcairn

Die kleine, abgelegene Insel Pitcairn war ein perfektes Versteck für die Meuterer. Und noch heute leben ihre Nachfahren dort.

Die »Titanic« – das berühmteste Wrack der Welt

1 **Jubelstimmung**
Als die »Titanic« zu ihrer Jungfernfahrt aufbrach, herrschte große Freude.

Das mit Abstand wohl bekannteste Schiffswrack der Welt ist die »Titanic«. So gut wie jeder kennt die dramatische Geschichte des Untergangs im Jahre 1912, als das Schiff mitten in der Nacht einen Eisberg rammte. Es sank daraufhin und schlug in circa 3 800 Meter Tiefe auf dem Meeresgrund auf. Dort unten in der ewig dunklen Tiefsee beträgt der Druck etwa 380-mal so viel wie an Land. 1985 fand der amerikanische Unterwasserarchäologe Robert Ballard das Wrack. Auch der bekannte Regisseur James Cameron, der für seinen Film »Titanic« elf Oskars gewann, hat das Wrack mehrfach mit einem U-Boot erkundet.

Ein Schiff der Superlative

Die »Titanic« war 269 Meter lang, 28 Meter breit und 53 Meter hoch. Ihre vier Schornsteine waren etwa 19 Meter hoch. Sie besaß drei Schiffsschrauben, wovon die beiden äußeren sieben Meter groß waren und 38 Tonnen wogen. Die »Titanic« galt als Wunder der Technik und wurde aufgrund der automatisch schließenden Wasserschutztüren von einer damaligen Fachzeitschrift als praktisch unsinkbar bezeichnet. Der an Bord in allen drei Klassen gebotene Komfort und der speziell in der ersten Klasse vorzügliche Service sollten den Vorsprung des Schifffahrtsunternehmens White Star Line gegenüber Mitbewerbern sichern.

Das Forschungs-U-Boot »Alvin« wird bis heute immer wieder technisch überholt. Es ist inzwischen über 40 Jahre im Einsatz und hat mehr als 5 000 Tauchgänge absolviert!

2

Kollision

Kurz vor Mitternacht rammte die »Titanic« einen Eisberg. Durch mehrere Lecks drang Wasser in das Schiff ein.

3

Untergang

Obwohl die »Titanic« als unsinkbar galt, ging sie nach der Kollision unter. Viele Menschen verloren dabei ihr Leben.

Schon gewusst?

Um eine solche Katastrophe wie den Untergang der »Titanic« in Zukunft zu verhindern, wurde 1914 die Internationale Eispatrouille gegründet. Mit Flugzeugen überwacht sie die Bewegung der Eisberge im Nordatlantik.

Eisberg voraus!

Die »Titanic« begann ihre Jungfernfahrt von Southampton in England nach New York am Mittwoch, dem 10. April 1912, unter Kapitän Edward John Smith. Über 1 300 Personen hatten diese Passage gebucht; dazu kamen knapp 900 Besatzungsmitglieder. Vier Tage später, am Sonntag gegen 23:40 Uhr, geschah dann das Unglück etwa 300 Meilen südöstlich von Neufundland. Der Ausguck Frederick Fleet erblickte direkt voraus einen Eisberg und läutete dreimal die Alarmglocke. Zusätzlich gab er über das Telefon die Warnung an die Brücke: »Eisberg voraus!« Doch es war bereits zu spät. Die Kollision ließ sich nicht mehr verhindern, da der Abstand zu dem bis zu 500 000 Tonnen schweren Eisberg schon zu gering war. Er riss mehrere Löcher in die Außenhaut der »Titanic«. Zwei Stunden und 40 Minuten später sank das Schiff. Und obwohl für die Evakuierung eigentlich viel Zeit zur Verfügung stand, kamen mehr als 1 500 Menschen ums Leben. Vor allem deswegen, weil es nicht genügend Rettungsboote gab und die Besatzung im Umgang damit nicht geübt war. Wegen der hohen Zahl an Opfern zählt der Untergang der »Titanic« zu den größten und bekanntesten Katastrophen der Seefahrtsgeschichte.

Das Wrack der »Titanic«

1985 fand eine Expedition mit einem speziellen Gerät namens »Argo« das Wrack. Es war mit Sonar und Kameras ausgestattet und wurde mithilfe eines Verbindungskabels nahe über den Ozeanboden geschleppt. Dabei stellten die Wissenschaftler fest, dass das Schiff in zwei große Hauptteile zerbrochen war.
Ein Jahr später unternahm Robert Ballard dann mit dem Forschungs-U-Boot »Alvin« eine erste bemannte Erkundung des Wracks. Viele weitere Expeditionen und andere Forschungsgruppen folgten.

Aus dem Wrack in der Tiefe ...

... wurden mittlerweile über 5 500 Artefakte geborgen. Unter den vielen Gegenständen der Passagiere und der Besatzung befindet sich auch die Schiffsglocke, das Herzstück eines jeden Schiffs.

Gefräßige Bakterien

Am Wrack der »Titanic« wurde eine Bakterienart entdeckt, die sogar Eisen frisst.

Seekrieg
UC 71 konnte nicht nur Minen legen und Torpedos abfeuern. Es hatte auch ein Maschinengewehr an Deck.

Rätsel um U-Boot UC 71

Die See war rau und ein eisiger Wind blies aus Südwest, als sich der Schlepper »Terschelling« am 20. Februar 1919 einen Weg durch die grauen Wellen vor Helgoland bahnte. An ihm befestigt war UC 71, ein U-Boot der kaiserlichen Marine. Der Erste Weltkrieg war verloren und zusammen mit weiteren U-Booten sollte UC 71 jetzt nach England überführt werden. Bald schlugen die ersten Brecher über den Turm des U-Bootes und es wurde immer ungemütlicher. »Ich schloss alle Luken und ließ die Leute auf den Schlepper übersteigen«, telegrafierte sechs Tage später Kommandant Köhler an seine Vorgesetzten in Berlin. »Boot fing plötzlich aus nicht kennbarer Ursache an zu sinken, so daß ich genötigt war, Boot zu verlassen. Innerhalb einer Stunde sank Boot ganz weg. Bericht folgt.«

Viele Fragen

Nach dem Untergang geriet das U-Boot vor Helgoland lange Zeit in Vergessenheit. Bis vor einigen Jahren Unterwasserarchäologen beschlossen, das Wrack zu dokumentieren und den Grund des rätselhaften Untergangs zu klären. Denn warum wurde das U-Boot damals nicht in den nur 1 000 Meter entfernten Hafen von Helgoland zurückgebracht? Und warum hat der Kommandant den angekündigten Bericht nie geschrieben? Wurde das U-Boot vielleicht absichtlich versenkt? Und, wenn ja, warum?

Das Wrack

Am Wrack von UC 71 angekommen, konnten die Unterwasserarchäologen alles genau fotografieren: den Bugbereich, die Schächte mit 18 Minen, den Heckbereich mit den beiden

Lageplan

Kurz hinter der Hafenausfahrt ist UC 71 gesunken. Heute liegt es in etwa 20 Metern Tiefe.

Helgoland
Im Ersten und Zweiten Weltkrieg waren hier deutsche Kriegsschiffe stationiert. Heute ist die Nordseeinsel über und unter Wasser ein wahres Naturparadies.

Propellern und den großen Turm, durch den man in das Innere des U-Boots kam. Es gab aber noch zwei weitere Luken, die dort hineinführten. Nämlich eine vor und eine hinter dem Turm. Und siehe da: Beide Luken haben die Taucher weit offen vorgefunden.

Absichtlich versenkt?

Durch die vordere Luke konnten die Forscher sogar ins Innere des Wracks tauchen. Und auch dort standen alle Schotts weit offen. Aber hatte der Kommandant nicht geschrieben, dass alle Luken und Schotts geschlossen wurden? Die Archäologen vermuteten deshalb, dass das U-Boot absichtlich versenkt wurde. Und um davon abzulenken, hatte der Kommandant den Untergang einfach auf das schlechte Wetter geschoben.

Geheimnisvolle Tagebücher

Nach den Untersuchungen fielen den Archäologen zwei alte Tagebücher in die Hände. Sie stammen von Georg Trinks. Er war Maschinist auf UC 71 und erzählt darin, wie es war, in dem U-Boot zu leben und zu arbeiten. Das zweite Tagebuch endete mit dem endgültigen Beweis, dass das U-Boot nicht wegen des schlechten Wetters unterging. Denn dort steht: »… kurz hinter Helgoland ist es plötzlich gesunken. Kein Fuß eines Engländers sollte das Boot betreten so war der Wille der Mannschaft und sie haben es erreicht. Die Mannschaft ließ sich von dem Fischdampfer retten, den man für alle Fälle als Begleitung mitgenommen hatte.«

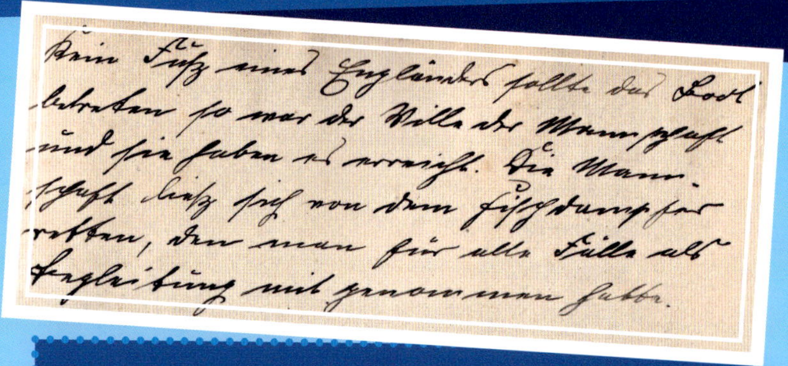
Kein Fuß eines Engländers sollte das Boot
betreten so war der Wille der Mannschaft
und sie haben es erreicht. Die Mann-
schaft ließ sich von dem Fischdampfer
retten, den man für alle Fälle als
Begleitung mit genommen hatte.

Verschollene Aufzeichnungen

In einer Fernsehdokumentation sah Kay Dzierzanowski die Geschichte von UC 71 und erinnerte sich an die Tagebücher seines Urgroßonkels Georg Trinks. Kurzerhand schickte er die Bücher den Archäologen und half dadurch, das Geheimnis endgültig aufzuklären.

Rätsel gelöst

Die Mannschaft wollte also nicht, dass ihr U-Boot an den Feind ausgeliefert wird. Denn sie hatten monatelang darauf gelebt, gekämpft und vieles zusammen durchgemacht. Es hätte sie in ihrer Ehre verletzt, wenn UC 71 in die Hände der Engländer gefallen wäre. Deshalb haben sie die Flutventile geöffnet, um das Boot mit Wasser volllaufen zu lassen und zum Sinken zu bringen. Zusätzlich haben sie einfach die Schotten und Luken offen gelassen. 100 Jahre blieb das ihr Geheimnis.

Schon gewusst?

Erst mit der Entwicklung des Radars konnten U-Boote unter Wasser aufgespürt werden. Die Abkürzung Radar kommt aus dem Englischen und steht für »radio detection and ranging«, also Funkortung und Funkabstandsmessung.

Sonarbild des Wracks 1

Gut erhalten

Auf dem Multibeam-Sonarbild kann man das ganze Wrack (1) am Boden deutlich erkennen. Sogar der Turm (2) des U-Boots ist noch gut erhalten und ragt aufrecht in die Nordsee.

Rostige Fässer

In den Laderäumen der Schiffswracks liegen unzählige Ölfässer, die langsam, aber stetig vor sich hin rosten.

Tickende Zeitbomben

Mindestens 8 569 Schiffswracks mit gefährlichem Inhalt liegen in unseren Weltmeeren und rosten vor sich hin. Der Großteil der Wracks stammt aus dem Zweiten Weltkrieg. Es sind tickende Zeitbomben, denn über kurz oder lang werden sie verrosten und zerfallen. Dann könnten sich bis zu 20 Millionen Liter Schweröl, Diesel und Kerosin in den Ozeanen verbreiten und verheerende Umweltschäden anrichten.

Truk Lagoon im Pazifik

Mitten im Pazifik, auf halbem Weg zwischen Hawaii und den Philippinen, liegt das kleine Atoll Chuuk, früher Truk Lagoon genannt. Diese Lage der kleinen Inseln machte sie strategisch wertvoll und deshalb erbauten die Japaner dort einen ihrer wichtigsten Marinestützpunkte. 1944 bombardierten Flugzeuge der US Navy Truk Lagoon. Dabei wurden der japanische Stützpunkt und große Teile der Inseln fast vollständig zerstört. Außerdem wurden etwa 60 vor Anker liegende japanische Kriegs- und Transportschiffe versenkt. Heute sind sie ein beliebtes Ziel für Taucher, doch auch diese Schiffe rosten und werden früher oder später in sich zusammenfallen.

Öl tritt aus

An sieben Wracks beobachteten Meeresforscher schon, dass hin und wieder Öl austritt. Mit speziellen Computerprogrammen, die Wind, Strömung, Jahreszeiten und Gezeiten berücksichtigen, berechneten Experten, dass es unter Umständen nur eine Stunde dauern könnte, bis das Öl der Wracks die erste Insel erreicht hat. Mangrovenwälder, Korallenriffe und Strände würden innerhalb kürzester Zeit mit einer Schicht giftigen Ölschlicks überzogen. Fischerei und Tourismus kämen zum Erliegen und viele Meerestiere würden sterben.

Abgestürztes Flugzeug

Nicht nur Schiffswracks, sondern auch viele Flugzeugwracks liegen auf dem Grund des Meeres.

Taucher finden auf dem Deck eines Wracks sogar noch einen alten Panzer.

Aufwendige Bergung

Wie man den gefährlichen Inhalt der Wracks bergen könnte, hat die US Navy an der USS Mississinewa gezeigt. Mithilfe von Tauchern und hydraulischen Pumpen wurden circa 6 000 Kubikmeter Öl aus 16 Tanks und anderen Bereichen des Wracks abgesaugt. Das Öl konnte sogar wiederaufbereitet und nach Singapur verkauft werden. Dennoch kostete die Operation umgerechnet etwa 4,4 Millionen Euro. Doch das sollten unsere Meere uns wert sein!

Munition vor unserer Haustür

Doch auch in unseren heimischen Gewässern gibt es große Probleme: Denn es liegen rund 1,6 Millionen Tonnen Munition am Grund von Nord- und Ostsee. Würde man diese Menge auf einen Güterzug verladen, hätte er eine Länge von 3 000 Kilometern und würde von Kiel bis nach Athen reichen. Im Salzwasser verrostet die Munition zwar langsamer, gibt aber dennoch ihre giftigen und zum Teil krebserregenden Inhaltsstoffe an die Umwelt ab. Studien zeigen, dass Meerestiere in der Umgebung bereits durch die ausgetretenen Giftstoffe belastet sind und diese in Zukunft in die Nahrungskette gelangen könnten.

Die Enigma aus der Ostsee

Verheddert in einem alten Fischernetz, fanden Forschungstaucher im November 2020 eine alte Schreibmaschine in der Ostsee. Und zwar eine ganz besondere: eine Enigma. Das ist griechisch und bedeutet Rätsel. Über die Enigma wurde während des Zweiten Weltkriegs der größte Teil der Funksprüche der deutschen Soldaten vor dem Absenden verschlüsselt und nach dem Empfang wieder entschlüsselt. Dabei konnte die Nachricht nur entschlüsselt werden, wenn der Empfänger alle Einstellungen der Sende-Enigma kannte. Auf diese Weise war es möglich, mit einer zweiten Enigma die Verschlüsselung rückgängig zu machen und den Klartext zu lesen. Im Wesentlichen bestand sie aus einer Tastatur zur Buchstabeneingabe, einem Walzensatz von drei oder vier austauschbaren Walzen sowie einem Glühlampenfeld zur Anzeige. Als der Zweite Weltkrieg 1945 zu Ende war, gab es einen letzten Befehl, dass sich deutsche U-Boote und Schiffe selbst versenken sollten, um nicht in die Hände der Feinde zu gelangen. Dabei wurde wohl auch die Enigma aus der Ostsee über Bord geworfen.

Zufallsfund

Vorsichtig untersucht Florian Huber die Enigma und befreit sie aus dem Netz. Anschließend wird sie geborgen und restauriert.

Blaues Loch

Blue Holes sind Höhlen, deren Decken eingestürzt sind. Mit dem Anstieg des Meeresspiegels wurden diese Höhlensysteme mit Wasser geflutet.

Arbeiten in dunklen Höhlen

Weltweit finden Archäologen auch in Höhlen, die heute voller Wasser sind, spannende Funde aus allen Zeiten. Dabei ist Höhlentauchen grundsätzlich ungefährlich, man braucht aber auf alle Fälle eine sehr gute Ausbildung, spezielle Tauchausrüstung und ein Tauchteam, auf das man sich immer verlassen kann. Das Wichtigste beim Höhlentauchen ist die Leine in der Höhle, die man nie aus den Augen verlieren darf. So findet man immer wieder den Weg zurück zum Ausgang. Höhlentaucher haben außerdem alle wichtigen Ausrüstungsgegenstände immer doppelt dabei. Also zwei Tauchflaschen, zwei Atemregler, zwei Tauchcomputer, zwei Lampen und eine Ersatzmaske. Sollte ein Gegenstand

Langsam dringt eine Taucherin in die Höhle vor. Starke Lampen sind hier wichtig, um sich in der Dunkelheit zurechtzufinden.

Leine

Die Leine ist so etwas wie die Lebensversicherung beim Höhlentauchen.

kaputtgehen, kann man schnell auf den zweiten zurückgreifen. Es ist zudem wichtig, sein Atemgas richtig einzuteilen: ein Drittel für den Hinweg, ein Drittel für den Rückweg und ein Drittel als Reserve.

Arbeiten unter Zeitdruck

Wenn Unterwasserarchäologen etwas in den Höhlen entdecken und dokumentieren wollen, bleibt ihnen oftmals nicht viel Zeit. Deshalb arbeiten sie mit speziellen Unterwasserkameras. Mit diesen fotografieren sie alle Funde aus jeder Richtung ab. Die Bilder können sie dann später in Ruhe am Computer ansehen und zu einem 3D-Modell zusammenfügen. Und wenn sie zum Beispiel Knochen von Menschen oder Tieren finden, nehmen sie vorsichtig eine kleine Probe. Im Labor kann dann mit der C14-Methode herausgefunden werden, wie alt die Knochen sind.

Die Blue Holes der Bahamas

Auf den Bahamas in der Karibik gibt es über 1 000 Blue Holes. Das sind mit Wasser gefüllte runde Löcher, die entweder in Küstennähe oder im Landesinneren liegen. Taucht man dort hinein, kann man in weit verzweigte Höhlensysteme vordringen. Das bekannteste und mit 202 Metern gleichzeitig eines der tiefsten Blue Holes ist das Dean's Blue Hole.

Grotten

Kleinere Höhlen werden oftmals auch als Grotten bezeichnet. Sie sind nicht so groß und tief wie Höhlen.

Versteckte Höhlen auf Mallorca

Auch auf der schönen Mittelmeerinsel gibt es viele kleine und große Höhlen, in denen immer wieder archäologische Funde gemacht werden. In der Höhle Ses Aguiadas im Nordosten der Insel fand man erst kürzlich knapp 200 antike Amphoren. Ob sie zum Holen von Wasser genutzt, absichtlich weggeworfen oder zu rituellen Zwecken dorthin gebracht wurden, können die Wissenschaftler noch nicht sagen. Sie müssen erst noch weitere Details untersuchen, bevor sie diese Frage beantworten können.

Amphore

Fundgrube für Forscher

Doch die vermutlich wichtigste archäologische Fundstelle der ganzen Karibik ist Sawmill Sink. In dem kreisrunden Blue Hole, das bis zu 60 Meter tief ist, fanden Taucher Knochen der Ureinwohner Lucayas, Dutzende Krokodilskelette, diverse Schildkrötenpanzer sowie Überreste von Vögeln, Fledermäusen, Schlangen und Echsen. Die ältesten Funde sind bis zu 6 000 Jahre alt. Außerdem entdeckten die Wissenschaftler Pflanzenfossilien, Pollen und Makrofossilien, die wichtige Rückschlüsse auf die damalige Vegetation zulassen.

Sawmill Sink von oben

Das Blue Hole mit dem Namen Sawmill Sink ist eine wahre Schatzkammer für die Archäologie.

Der Weg in die Unterwelt

Im dichten Dschungel Mexikos verborgen liegen auf der Halbinsel Yucatán über 3 000 kleine und große runde Wasserlöcher, die Cenoten genannt werden. Forscher schätzen aber, dass es sogar bis zu 10 000 solcher Cenoten geben könnte. Durch diese Löcher im porösen Kalkstein werden unterirdisch fließende Wasserströme zugänglich. Taucher können also in eine Cenote eintauchen und von dort weitreichende Höhlensysteme erkunden. Dabei machen sie auch immer wieder wichtige archäologische Entdeckungen.

Die Cenoten

Das Wort »Cenote« kommt aus der Sprache der Maya und bedeutet »Heilige Quelle«. Für das Volk der Maya dienten die Cenoten nicht nur als Quelle für frisches Wasser. Sie nutzten sie auch als Kult- und Opferplätze für Zeremonien und rituelle Handlungen. Denn für die Maya waren die Cenoten der Eingang in die Unterwelt, die sie Xibalbá, »Ort der Angst«, nannten. In den Cenoten entdeckten Unterwasserarchäologen neben Keramikgefäßen, Beilen, Jadeschmuck, exotischen Muscheln und Spiegeln auch menschliche Knochen. So zum Beispiel in der bedeutenden Mayastadt Chichén Itzá. Schon um 1900, als die Unterwasserarchäologie als Wissenschaft noch ganz am Anfang stand, wurden dort in einer Cenote an die 80 Skelette von Erwachsenen und Kindern gefunden. An den Knochen fanden die Archäologen Schnittspuren. Mit den Menschenopfern wollten die Maya unter anderem den Regengott Chaak um Regen bitten. Noch heute opfern einige Nachfahren der Maya regelmäßig Weihrauch, Zuckerrohrschnaps, Blumen, Tabak oder sogar kleine Tiere.

Letzte Vorbereitung

Noch einmal prüfen die Taucher ihre Ausrüstung, bevor sie für die nächsten Stunden in der Höhle verschwinden.

Magische Unterwasserwelt

Tauchen in den Höhlen von Mexiko ist ein wirklich magisches Erlebnis. Das Wasser ist mit 26 Grad angenehm warm und zudem glasklar. Die Taucher schweben förmlich durch eine andere Welt.

Ein Friedhof unter Wasser

In der Cenote Las Calaveras entdeckten Taucher sage und schreibe 126 Skelette aus der frühen Mayazeit. Unterwasserarchäologen denken, dass es sich um einen Friedhof handelt und die Toten im Wasser der Cenote bestattet wurden. Doch damit nicht genug. Einige der Totenschädel waren stark verformt und in die Länge gezogen. Und einige ihrer Zähne waren sogar spitz abgefeilt. Tatsächlich machten das manche Maya, um schöner auszusehen. Es war quasi Mode. So wie sich heute viele Menschen tätowieren lassen, Nasenringe tragen oder sich die Haare bunt färben.

Riesige Höhlensysteme

Über 1 000 Kilometer sind die Höhlensysteme in Mexiko lang. Und Taucher entdeckten dort schon viele Fundstellen aus prähistorischen Zeiten. Denn vor etwa 10 000 Jahren waren diese Höhlen noch trocken und Menschen und Tiere wohnten dort zumindest zeitweise oder suchten Schutz. Unterwasserarchäologen fanden die Reste von alten Feuerstellen und die Knochen von Menschen und Tieren, darunter sogar Skelette von Riesenfaultieren, Elefanten und Bären. Zuletzt entdeckten Taucher das fast vollständige Skelett eines jungen Mädchens in der Höhle Hoyo Negro in knapp 50 Metern Tiefe. Sie tauften sie Naia und die Untersuchungen der Knochen zeigten, dass sie vor etwa 12 000 Jahren lebte.

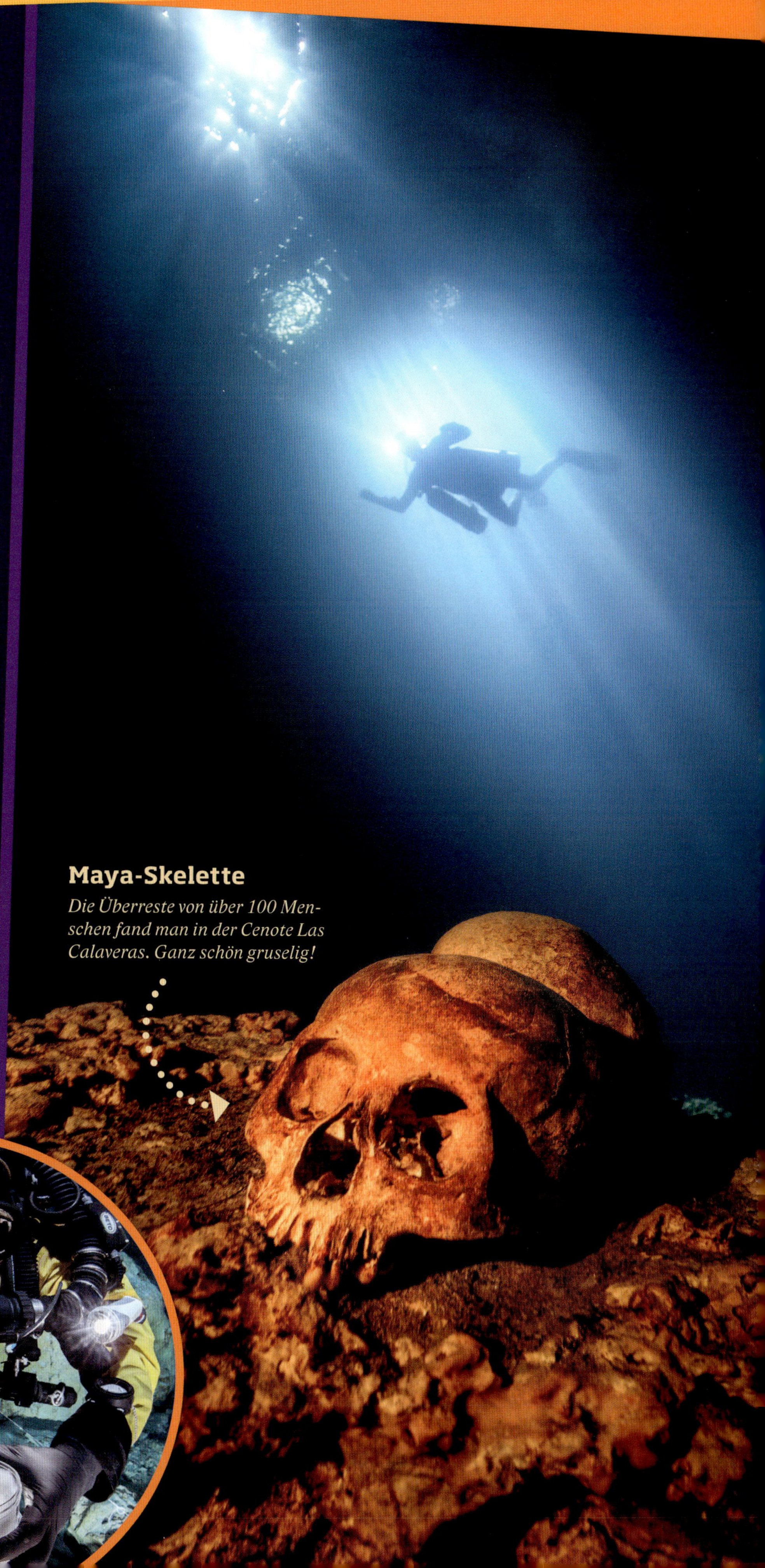

Maya-Skelette

Die Überreste von über 100 Menschen fand man in der Cenote Las Calaveras. Ganz schön gruselig!

Knochenfunde

Ganz behutsam verpackt ein Taucher das Knochenstück. Im Labor kann es später genauer untersucht werden.

Schieferbergwerk

Schiefer wurde in Nuttlar vermutlich schon im Mittelalter abgebaut. Das graue Gestein ist extrem widerstandsfähig, lässt sich aber mit einfachem Werkzeug bearbeiten.

Abtauchen in geflutete Bergwerke

Feuersteinmine

Die Suche nach Rohstoffen trieb den Menschen immer tiefer unter die Erdoberfläche, um dort Kohle, Gold, Diamanten oder andere Rohstoffe abzubauen. Heute sind Taucher in verlassenen Bergwerken unterwegs, um sie zu vermessen und zu erkunden. Dabei finden sie auch immer wieder interessante Gegenstände, die die Bergarbeiter zurückließen. Doch Vorsicht ist geboten! Dort unten ist es stockdunkel und das Wasser ziemlich kalt. Man braucht spezielle Ausrüstung und muss ausgebildeter Höhlentaucher sein, um sich in dieses Abenteuer stürzen zu können.

Die Arbeit in einer Mine oder einem Bergwerk ist anstrengend. Um an verborgene Rohstoffe zu gelangen, nahm der Mensch schon früh große Mühen und Gefahren auf sich.

Wann ging der Mensch unter Tage?

Das bislang älteste entdeckte Bergwerk liegt in Ägypten. Bereits vor mehr als 30 000 Jahren wurde dort Feuerstein unter Tage abgebaut. In Niederbayern bei Arnhofen entstand in der Jungsteinzeit im 6. Jahrtausend v. Chr. das größte Feuersteinbergwerk in Europa. 20 000 Schachtanlagen entdeckten Archäologen, die die Steinzeitkumpel in die Tiefe bohrten, um an einen der begehrtesten Rohstoffe ihrer Zeit zu gelangen. Denn Feuerstein galt als der Stahl der Steinzeit. Aus ihm wurden Werkzeuge und Waffen hergestellt.

Das Schieferbergwerk Nuttlar

1878 begannen Bergleute mit dem Bau des ersten Stollens in Nuttlar im Sauerland. Zeitweise waren hier 200 Arbeiter mit der Gewinnung von Schiefer beschäftigt, mit dem unter anderem Hausdächer gedeckt wurden. Mit reiner Muskelkraft wurde das robuste Material über 100 Jahre auf Loren – einem für den Bergbau typischen Förderwagen – aus dem Bergwerk nach oben geschafft. Dabei entstand auf fünf Ebenen ein Labyrinth mit großen Hallen und kilometerlangen Gängen. 1985 wurde das Bergwerk stillgelegt und der Strom abgeschaltet. Ohne die Pumpen, die das ständig eindringende Wasser in den nahe gelegenen Fluss Ruhr förderten, lief das Bergwerk allmählich voll. Bis der Wasserstand seine heutige Höhe erreichte, dauerte es dann trotzdem noch mehr als sieben Jahre. Die unteren beiden von insgesamt fünf Ebenen – die auch Sohlen genannt werden – sind auf einer Länge von etwa zwölf Kilometern durchgehend geflutet. Man kann dort durch lange Gänge und riesige Hallen tauchen, die fast so groß wie Kirchen sind.

Leine

Abtauchen in die Vergangenheit

Ein Tauchgang in das Bergwerk Nuttlar ist wie eine Zeitreise. Als die Mine geschlossen wurde, ließen die damaligen Arbeiter einfach alles stehen und liegen. So wie diese Schubkarre hier.

Unglaublich!

Im Stollen des Schieferbergwerkes Nuttlar gibt es viel zu entdecken. Unter Wasser stehen viele Arbeitsgeräte herum und an den Wänden hängen sogar noch die alten Jacken der Bergleute!

Warum laufen Bergwerke eigentlich voll?

Die Antwort ist simpel, denn in der Erde befindet sich unser Grundwasser. Je nach Region wird daraus sogar hochwertiges Trinkwasser gewonnen. Wenn Bergarbeiter ihre Stollen und Tunnel in die Erde schlagen, dringt dieses Grundwasser in die neuen Hohlräume ein. Deshalb muss es ständig gesammelt und abgeführt werden: eine Grundvoraussetzung für den erfolgreichen Bergbau. Früher geschah dies über Pumpen, unterirdische Rohrleitungen und große Sammelbecken an der tiefsten Stelle eines Bergwerkes, der untersten Sohle.

Moore: düster und geheimnisvoll

Maske

Die silberne Gesichtsmaske war einst Teil eines prachtvollen germanischen Helmes. Sie wurde im Thorsberger Moor in Schleswig-Holstein gefunden.

Wegschilder

Waren diese beiden Figuren vielleicht Wegschilder? So etwas wie frühe Ampelmännchen, die zeigten, wer wann durch das Moor fahren durfte? Die Forscher rätseln noch.

Bohlenwege

Über diese hölzernen Wege konnten die Menschen damals mit ihren Wagen sicher durch das Moor fahren.

Moore sehen auf den ersten Blick nicht gerade einladend aus. Oft wabert weißer Nebel über sie hinweg und irgendwie hat man auch ein bisschen Angst, dort hineinzugehen. Schließlich könnte man sich darin verlaufen, hineinfallen und auf Nimmerwiedersehen verschwinden. Und tatsächlich ist das auch immer wieder passiert. Deshalb gibt es Moorarchäologen, die sie genau erforschen. Sie beschäftigen sich mit Menschen, Tieren und Gerätschaften, die in Mooren über Jahrhunderte und Jahrtausende konserviert wurden und heute spannende Geschichten erzählen.

Die ältesten Verkehrswege der Welt

Wollten die Menschen damals große Moore durchqueren, ging das nur im trockenen Sommer oder an kalten Wintertagen, wenn die vereiste Oberfläche sogar einen Ochsenkarren tragen konnte. An allen anderen Tagen, wenn es nass und feucht war, ging das nicht. Deshalb begann man in Deutschland bereits in der Jungsteinzeit, Wege aus Holz durch die Moore zu bauen. Die vorgeschichtlichen Moorwege aus Niedersachsen, die mehrere Kilometer lang sein konnten, sind 6500 Jahre alt und somit die ältesten jemals gefundenen Verkehrsverbindungen.

Schon gewusst?

Bis in die 1920er-Jahre wurden ägyptische Mumien, aber auch Moorleichen gelegentlich zum Heilmittel Mumia verarbeitet und in Apotheken als Medizin verkauft. Heute ist das natürlich verboten.

Holzfiguren

An einigen Wegen haben Archäologen auch Holzfiguren gefunden. Vielleicht waren es Hinweisschilder wie heutige Verkehrsschilder. Möglicherweise waren es aber auch Abbildungen von Göttern, die die Reisenden auf ihrem Weg durch die Moore beschützen sollten.

Das Thorsberger Moor

Im Thorsberger Moor in Schleswig-Holstein fanden Archäologen viele Gegenstände, die von Germanen, vermutlich vom Volk der Angeln, geopfert wurden. Unter anderem gruben die Forscher eine große Anzahl an Waffen aus dem 3. und 4. Jahrhundert n. Chr. aus. Die Archäologen glauben, dass es sich um Beutestücke einer besiegten Armee handelt, welche die Sieger zum Dank ins Moor warfen. Sie fanden eine germanische Gesichtsmaske aus Silber, Kleidungsstücke wie Mäntel und Hosen, römische Helme und Münzen, ein Kettenhemd sowie andere Gegenstände, etwa Schildbuckel, auf denen geheime Runen eingeritzt waren.

Götter?

Hölzerne Figuren einer Frau und eines Mannes. Stellen sie vielleicht ein Götterpaar dar?

Bronzehelm

Es kam vor, dass die Waffen und Rüstungen der besiegten Gegner im Moor geopfert wurden.

Moorleichen – gut erhalten

Aus Europa sind über 1 000 Moorleichen bekannt. Die meisten von ihnen wurden zufällig beim Torfstechen gefunden. Da in Mooren ein stark saures Milieu herrscht, hat das verschiedene Auswirkungen auf die Moorleichen. Die Säure löst zwar Knochen auf, Haut, Haare, Gewebe und Fingernägel werden durch sie jedoch gegerbt und somit konserviert. Die Säure dringt also gar nicht erst bis zu den Knochen vor. Forscher können deshalb feststellen, an welchen Krankheiten diese Menschen litten, was sie zuletzt aßen oder welche Frisur sie trugen. Das erklärt die Faszination, die Moorleichen auf viele Menschen ausüben.

Ermordet und geopfert

Doch wie und warum gelangten die Menschen ins Moor? Bei einigen Leichen wird es sich um Verunglückte handeln, die versehentlich im Moor ertranken. Bei anderen handelt es sich um Menschenopfer oder Verbrecher. Das berichtet schon der römische Schriftsteller Tacitus. Ihm zufolge brachten die Germanen auf diese Weise Menschenopfer für die Erdgöttin Nerthus dar. Außerdem wurden bestimmte Verbrecher oder Deserteure – also Soldaten, die ohne Erlaubnis ihren militärischen Dienst frühzeitig beendeten – manchmal in Sümpfen versenkt. Andere wiederum sind ganz natürlich gestorben oder wurden sogar im Moor bestattet.

Tausende von Holzpfählen haben sich im Wasser fast perfekt erhalten und liefern den Archäologen heute wichtige Informationen.

Häuser auf hohen Stelzen

Schon lange fragen sich Archäologen, warum viele Häuser an Seen auf Holzpfählen standen. Die Wissenschaftler gehen davon aus, dass der schwankende Wasserspiegel, zum Beispiel durch Schmelzwasser, ein Grund dafür war. Da man keine nassen Füße haben wollte, baute man die Häuser einfach auf Pfähle. So war man außerdem vor Feinden geschützt und konnte seinen Abfall gleich im Wasser des Sees entsorgen.

Auf Spurensuche am See

Menschen leben nicht nur am Meer, sondern auch an Seen. Selbst früher war das schon so. Dort bauten sie ihre Häuser, fuhren mit Booten raus zum Fischen und brachten ihre Waren über das Wasser. Denn das war um einiges leichter, als zu Fuß zu gehen oder die Seen mit Wagen zu umfahren. Und nach genau diesen Resten von alten Siedlungen und versunkenen Schiffen suchen die Unterwasserarchäologen in den Seen.

Der Bodensee

Der größte und mit 251 Metern zugleich tiefste See in Deutschland ist der Bodensee und das, obwohl Teile davon auch in Österreich und der Schweiz liegen. Während der Jungsteinzeit und Bronzezeit, also zwischen 4 300 v. Chr. und 800 v. Chr., gab es im Bodenseeraum viele kleinere und größere Siedlungen. Die Menschen lebten direkt am Ufer und bauten ihre Häuser auf hohen Holzpfählen.

Die Pfahlbauten

Diese Pfahlbauten gab es an allen größeren Voralpenseen der Schweiz, Frankreichs und Deutschlands sowie an manchen Seen in Italien und Österreich. Einige davon stehen seit 2011 sogar unter dem Schutz der UNESCO und sind Teil des Weltkulturerbes. Allein am Bodensee sind inzwischen etwa 400 alte Siedlungen bekannt. Sie wurden oft dort errichtet, wo sich Handelswege kreuzten und wo es gute Ackerböden und genügend Frischwasser gab.

Schon gewusst?

Als die Römer im Jahr 15 v. Chr. über die Alpen kamen und das Bodenseegebiet ins Römische Reich eingliederten, soll es dabei auch zu einer Seeschlacht auf dem Bodensee gekommen sein. Vielleicht liegen die Reste dieser Schlacht noch bis heute verborgen in den Tiefen des Sees.

Erdbeeren, Milch und frischer Fisch

Weil die Taucher neben Pfahlstümpfen und anderen Überbleibseln von Häusern viele Töpfe mit angebrannten Essensresten fanden, wissen wir heute, was damals alles auf dem Speisezettel stand. Es gab Getreidebrei und Brot, frisches Gemüse wie Erbsen, Linsen und Bohnen. Daneben sammelten die Menschen Erdbeeren, Brombeeren, Himbeeren, Hagebutten, Äpfel und Haselnüsse. Dazu gab es ab und an Milch, Vogeleier und natürlich Wild und Fisch. Zum Fischen wurden auch Einbäume verwendet. Das sind ausgehöhlte Baumstämme, die als Boote verwendet wurden. Erst kürzlich wurde ein solcher Einbaum aus der Bronzezeit in der Nähe von Konstanz gefunden und aus dem Wasser geborgen.

Das Dampfschiff »Jura«

Schiffswracks im Bodensee gibt es viele. Die Ursachen für den Untergang der Schiffe sind ebenso vielfältig wie erstaunlich: Schlechtes Wetter, Explosionen und Brände, Grundberührung, Kollisionen, Überladung oder kriegerische Handlungen brachten die Schiffe zum Sinken. Ein Wrack im Bodensee ist besonders bekannt: die »Jura«. Bei dichtem Nebel kollidierte sie am 12. Februar 1864 mit dem Dampfschiff »Stadt Zürich«. Nur wenige Minuten nach dem Zusammenstoß sank die »Jura«. Schnell geriet die genaue Unglücksstelle in Vergessenheit und erst rund 100 Jahre später wurde das Wrack wiederentdeckt.

Angeberwissen

- Weltweit gibt es etwa 1,4 Millionen Seen mit Oberflächen größer als zehn Hektar. Ein Hektar entspricht einer Fläche von 10 000 Quadratmetern.
- Das Land mit den meisten Seen ist Kanada. Dort gibt es rund 900 000 Seen.

Holzbalken
Dieses hölzerne Bauteil gehört zu einem Schiff, das vor etwa 600 Jahren im Bodensee unterging.

Fundstück Einbaum
Forschungstaucher bergen das erste Stück des ältesten Einbaums vom Bodensee. Er ist über 4 000 Jahre alt und in einem sehr guten Zustand.

Die Sonnenscheibe von Moordorf hat einen Durchmesser von 14,5 Zentimeter und besteht aus reinem Gold. Archäologen vermuten, dass sie aus der Bronzezeit stammt.

Glossar

Atemgas: Das Gasgemisch, das ein Taucher verwendet. Es wird nicht nur einfach Druckluft, sondern auch Luft mit extra Sauerstoff (Nitrox) oder extra Helium (Trimix) geatmet.

Blue Hole: Annähernd rundes, mit Wasser gefülltes Loch, dessen Wände fasst senkrecht in große Tiefe abfallen. Kommen sowohl in Küstennähe als auch im Landesinneren vor.

Bug: Der vordere Teil des Schiffes.

Cenote: In Mexiko übliche Bezeichnung für ein natürliches Einstiegsloch zu unter der Erdoberfläche gelegenen, zumeist mit Süßwasser gefüllten Höhlen.

Dendrochronologie: Datierungsmethode für Funde aus Holz, die sich darauf stützt, dass Bäume in jedem Jahr einen Wachstumsring bilden. Je nach klimatischen Bedingungen fallen die Ringe unterschiedlich breit aus.

3D-Modell: Dreidimensionales Modell eines Fundes. Dazu wird der Fund zunächst aus allen Richtungen fotografiert und anschließend mit einem Computerprogramm aus der Sequenz der vielen unterschiedlichen Bilder als 3D-Modell rekonstruiert.

Einbaum: Aus einem einzelnen, ausgehöhlten Baumstamm herausgearbeitetes Wasserfahrzeug.

Heck: Der hintere Teil des Schiffes.

Kreislauftauchgerät: Gerät, das für die Atmung beim Tauchen eingesetzt wird. Dabei durchläuft das Atemgas einen Kreislauf.

Metalldetektor: Ein elektronisches Gerät, mit dem in der Erde oder im Sediment verborgene Metallgegenstände aufgespürt werden können.

Pfahlbauten: Holzbauten auf massiven Pfählen an Seen, Flüssen oder Mooren, die schon in prähistorischer Zeit errichtet wurden. Sie dienten vermutlich unter anderem der Absicherung gegen Raubtiere, zum Schutz vor Hochwasser und um feindliche Angreifer abzuhalten.

Radiokarbonmethode (C14-Methode): Diese Datierungsmethode beruht auf der Beobachtung, dass alle Lebewesen den Kohlenstoff C14 in sich tragen. Nach dem Tod nimmt der Gehalt an C14 nach einem bestimmten Gesetz ab. So lässt sich das Alter von Funden bestimmen.

Restauratoren: Sie reinigen und bearbeiten archäologische Funde, sodass sie nicht weiter zerfallen und im Museum ausgestellt werden können.

Sonar (Echolot): Verfahren zur Ortung von Gegenständen unter Wasser mittels Schallwellen und deren Echos, die vom Meeresboden oder von Objekten zurückgeworfen werden.

Tauchboot: Im Gegensatz zum Tauchroboter (ROV, Remotely Operated Vehicle) ist das Tauchboot bemannt, wird also unter Wasser von Piloten gesteuert. Durch druckfeste Scheiben können die Forscher nach draußen schauen.

Tauchroboter: Eine Maschine, die über ein langes Kabel von der Oberfläche gesteuert wird. Zahlreiche Kameras helfen den Piloten bei der Orientierung. Mit Greifarmen können in der Tiefe Proben genommen oder Messinstrumente bedient werden.

Tiefsee: Ab einer Tiefe von etwa 200 Metern spricht man von der Tiefsee. Je weiter es hinab geht, umso dunkler und kälter wird es. Auch in der Tiefsee liegen viele Schiffswracks wie die »Titanic«.

UNESCO: Englische Abkürzung für **U**nited **N**ations **E**ducational, **S**cientific and **C**ultural **O**rganization. Die Organisation fördert die internationale Zusammenarbeit in den Bereichen Bildung, Wissenschaft, Kultur und Kommunikation. Außerdem setzt sich die UNESCO für das Unterwasserkulturerbe ein. Dabei sollen alle Spuren menschlicher Existenz, die mehr als 100 Jahre unter Wasser gelegen haben und von historischer oder kultureller Bedeutung sind, weltweit geschützt werden.

Unterwasserarchäologen: Sie suchen nach versunkenen Siedlungen und untergegangenen Schiffswracks und untersuchen sie, um das damalige Leben der Menschen zu rekonstruieren. Sie arbeiten in Meeren, Flüssen, Seen, Höhlen, Brunnen und Cenoten.

Wrack: Ein durch Verfall oder Beschädigung unbrauchbar gewordenes Fahrzeug. Ein Schiffswrack ist das Wrack eines Schiffes, das meist am Grund eines Gewässers liegt.

WAS IST WAS Band 145

Bildquellennachweis: Dorstewitz, Björn: 42ol, 42o, 43or; ESA: 9or (CC BY-SA 3.0 IGO/Jimin Zheng); flickr: 25ol (PD/nisudapi), 31mr (CC BY 2.0/Mark Morgan); Getty: 7mr (Dorling Kindersley), 28o (Christophel Fine Art/Kontributor); Howe, Christian: 7ml, 27mr, 37um; Huber, Florian: 4ol (Nanje Teuscher), 4ul, 7or, 10o, 11r, 14ul, 14mr, 16ml, 34ml (Lageplan: Jana Ulrich), 35or, 36om, 36ul, 39um, 39m (Amphoren), 47u; Kunz, Uli: 35um, 40or, 41r; Lehmann, Robert Marc: 2ml, 4um; mauritius images: 1 (Antonio Busiello/robertharding), 2ur (Antonio Busiello/robertharding), 16o (Antonio Busiello/robertharding), 17o (Nikos Pavlakis/Alamy); picture alliance: 2or (Manfred Neubauer/SZ Photo), 3ml (Atlantic Productions/AP Photo), 3mr (Reinhard Dirscherl/© Bruce Coleman/Photoshot), 3ul (akg-images), 4-5Hg. (Christa Eder/Shotshop), 5or (Wolfgang Pölzer/WaterFrame), 8-9Hg. (Greek Ministry Of Culture), 8u (Manfred Neubauer/SZ Photo), 12ol (Mary Evans Picture Library), 13um (Mary Evans Picture Library), 15mr (Stefan Sauer/dpa), 17ur (Marwan_Naamani/dpa), 18or (Grafik: Bökelmann/dpa-infografik), 18ur (Horst Pfeiffer/dpa), 19om (Horst Pfeiffer/dpa), 19mr (SPOT/imageBROKER), 20um (Liszt Collection), 21or (akg-images), 24ol (Ernst Wrba/imageBROKER), 24mr (Borut Furlan/WaterFrame), 24-25Hg. (Greek Ministry Of Culture/dpa), 25om (akg-images), 25or (epa ANA Cardiff University), 25mr (Nimatallah/akg-images), 29ol (Woods Hole Oceanographic Institution via AP Photo), 31or (Mary Evans Picture Library), 33ol (akg-images), 33om (akg-images), 33mr (Moritz Vennemann), 33ur (Atlantic Productions/AP Photo), 34ol (Mary Evans Picture Library), 36-37Hg. (Alessandro Bosio/Pacific Press), 38Hg. (Reinhard Dirscherl/© Bruce Coleman/Photoshot), 38ul (Ulrich Kunz), 39om (Helmut Corneli/imageBROKER), 39m (Tropfsteine: Frank Heuer/DUMONT Bildarchiv), 40ul (Herbert Meyrl/Westend61), 41um (Roberto Chavez Arce/AP Photo), 42ul (English Heritage/HIP), 42um (Quelle Landratsamt/lby/dpa), 44ml (Maske: akg-images), 45or (J. Mallwitz/WILDLIFE), 45ul (akg-images), 46ol (Hartwig Lohmeyer/JOKER), 46or (Landesamt für Denkmalpflege/lsw/dpaweb), 47m (Dr. Martin Mainberger/RPS dpa/lsw); ROV-Team GEOMAR Helmholtz-Zentrum für Ozeanforschung Kiel: 8or (CC BY 4.0); Schmeling, Michael (www.aridocean.com – Karten): 5ol, 24o, 29m; Seawar Museum Jutland: 35ul; Shutterstock: 6l (Laura Dts), 12-13Hg. (Stockbym), 13or (Dimitrios P), 14ur (Navalnyi), 14-15Hg. (Moonlightphoto), 15om (Attila JANDI), 15m (Ique Perez), 17mr (Volina), 18-19Hg. (Sue Robinson), 20-21Hg. (tonisalado), 21ur (Atlaspix), 22ol (freestyle images), 24ml (Maus: Szasz-Fabian Jozsef), 26-27Hg. (VL1), 26-27Hg. (Rahmen: Vasilius), 29m (Pergament: Andrey_Kuzmin), 29or (Diegomezr), 31u (Camillo Cinelli), 34-35Hg. (Markus Stappen), 38ol (alina_danilova), 42mr (Bjoern Wylezich), 44-45Hg. (Solid photos); Stachura, Tomasz: 3or, 27or; Wikipedia: 5ur (PD), 7ol (CC BY-SA 4.0/Dwi sumaiyyah makmur), 9ul (PD/U.S. National Oceanographic and Atmospheric Administration photo), 10ml (CC BY-SA 4.0/Filipe Castro TAMU), 14or (CC BY-SA 3.0 igo/Envisat satellite - http://www.esa.int/spaceinimages/Images/2010/07/Bloom-filled_Baltic), 18ol (CC BY-SA 3.0/Ralf Roletschek/roletschek.at), 19om (CC BY-SA 3.0/Roland zh), 20or (PD/Bonhams London, 27. Januar 2011, auction 18740, lot 62), 22mr (CC BY-SA 3.0/kadr z wideo), 23o (CC BY 2.0/Vincent Lou), 23ur (CC0/Melkov), 25m (CC BY-SA 4.0/Gts-tg), 26or (PD/Jakob Haig – uploaded by Koster), 26ul (CC BY-SA 4.0/Osama Shukir Muhammed Amin FRCP(Glasg)), 28ur (PD/Bjwebb), 29mr (CC BY 3.0/Nie jest znany przypuszczalnie z innego ródła), 30ml (PD/Alexander Huey – National Library of Australia), 30or (PD/J. Shillibeer und ein weiterer Urheber – State Library of New South Wales DL Pd 701), 30ul (CC BY 3.0/Yasmina Uploader: Georges Jansoone (JoJan)), 30ur (PD/4tilden), 32o (CC BY-SA 3.0/Teufelbeutel), 32ur (PD/NOAA), 37om (CC BY-SA 4.0/Alessandro Nassiri), 43ul (CC BY-SA 4.0/Trümmer Lümmler), 44ml (Wegschilder: CC BY-SA 3.0/Bullenwächter – Photographed at Landesmuseum für Kunst und Kulturgeschichte, Oldenburg, Germany), 44ul (CC BY-SA 3.0/Bernard Warnking), 45m (CC BY-SA 4.0/Tieva – Fotografie im Schloß Gottorf), 48or (CC BY-SA 3.0/Matthias Süßen)

Umschlagfotos: U1: Shutterstock (Sven Hansche); U4: Huber, Florian

Burgschmietstraße 2–4, 90419 Nürnberg
qualitaet@tessloff.com
www.tessloff.com

Autor: Dr. Florian Huber
Grafik: Simone Först, Ruth Koch
Lektorat: Carolin Langbein
Bildredaktion: Susanne Wiechert
Druck: Livonia Print

ISBN 978-3-7886-2113-1

FSC www.fsc.org MIX Papier | Fördert gute Waldnutzung FSC® C002795

WISSEN KANN MAN NIE GENUG!